「擬洋風建築」のひみつ

見かた・楽しみかたがわかる本

擬洋風建築のひみつ研究会 著

Mates-Publishing

西洋建築…じゃないってどういうこと？日本の大工の高度な技術と創意工夫が生み出した「擬洋風建築」を、いま訪ねてみよう

幕末から明治初期にかけて、日本の大工たちが従来の技術を用いて各地に建設した西洋風の建築「擬洋風建築」。その詳しい内容は後ほど紹介しますが、そんな擬洋風建築が文化財として各地に残っており、移築・再建されたものも含めて、観光スポットとなっています。

その均整のとれた美しい外観や、どこかレトロで温かい雰囲気、まるで時代ものの映画やドラマのセットにいるかのような異世界感。いろいろな印象を持たれる方がいるでしょう。そして、いわゆる本格的な西洋建築を目にした時とは、何か違う印象を抱くのではないでしょうか。

擬洋風建築が生まれた時代は、尊王攘夷運動によって「日本古来の精神を大切にしつつ、西洋に飲み込まれないためにも、西洋文明を積極的に取り入れなければならない」という和魂洋才の考えが盛り上がり、その後明治政府が誕生して、一層西洋化に突き進んだ、まさにその頃です。

そんな時代の空気、新しい建築を創意工夫で生み出そうとする大工たちの熱い心意気が、擬西洋建築には込められているのです。

本書は、建築史家の先生にも話を聞きながら、「擬洋風建築とは何か」ということや、その歴史について分かりやすく解説するとともに、全国各地で見られる擬洋風建築スポットを紹介しています。

もちろんこれが現存するすべてのスポットではありませんが、主要なスポットの多くを取り上げています。それぞれについて、見どころのポイントなども説明しています。

また、本格的な建築物以外にも、擬洋風な特徴を持った門や、擬洋風テイストを継承するレトロ建築として、昭和初期の「看板建築」などもいくつか取り上げています。

ぜひ、本書を片手に各地の擬洋風建築を訪ねてみてください。そして擬洋風建築の魅力のヒミツを、皆さんなりに探ってみてください。

擬洋風建築のひみつ研究会

目次

本書の見方

4Pパターン

建物のここに注目

基本的には外観を中心に、建物の細かい見どころなどを紹介しています。

解説

建物の成り立ちや、歴史、現在の使われ方などについて説明しています。

都道府県名

現在の所在地。移築などにより建設時と異なるケースもあります。

建物名

当時の建物名。建物によって、施設名によっては、頭に「旧」と入る場合があります。

関連コラム

建物の歴史や、特色のある箇所、建築を手掛けた大工、使われている技法などについてのコラムです。

データ

現在の施設名称や、住所、電話、開館時間、休館情報、料金、交通情報、駐車場情報など。

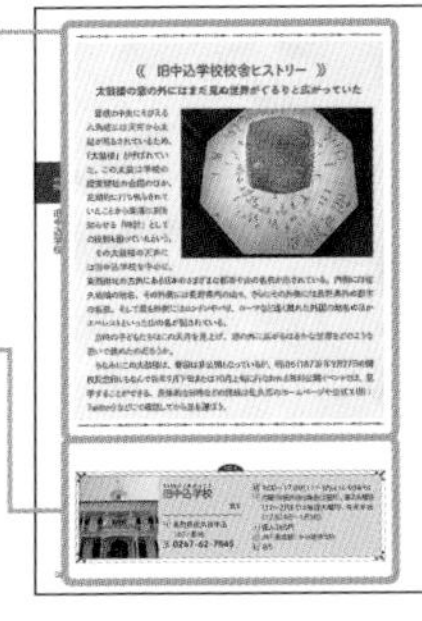

内部の解説

建物内部について、見どころを解説（施設によっては、内部を一般公開していない場合や、限定的にのみ公開している場合もあります）。

1Pパターン

2Pパターン

2Pパターン、1Pパターンは上記の4Pパターンを圧縮したもので、外観の情報だけでなく、内観や歴史に関する特筆すべき情報も並列で記しています。

※建物は、休館、閉館の可能性がございます。また、開館時間や休館日、入場料などデータは変更される可能性もございます。見学の際には、必ず事前に施設や各自治体のホームページで最新情報を確認してください。

※本書に掲載された情報は、2023年9月時点での情報です。

※著者の擬洋風建築のひみつ研究会は、各施設の管理・運営には関わっておりません。

※本書の内容に関して運用した結果の影響については、責任を負いかねます。あらかじめご了承ください。

研究者インタビュー

西洋と日本を意図的に混ぜた大工の「自由さ」が面白い

文明開化の時代を象徴する大工による和洋折衷の建築

擬洋風建築は、**明治の文明開化の頃にできた独自の建築**で、その呼び名については、私個人としては「**開化式建築**」と呼んだ方がしっくりきます。実は擬洋風建築という言葉は、「大工が西洋建築の真似をしてつくった稚拙な建築」という、ある意味揶揄するようなニュアンスで、昭和の頃から建築史家たちが用い始めた言葉なのです。だから本来あまり良い言葉ではないのですが、一方で「**大工が西洋建築を真似して作った**」という大事なポイントは伝わりやすいですよね。その点では悪くない言葉だと思います。

ちなみに私が初めて擬洋風建築を見たのは、小学校低学年の頃、家族旅行で訪れた、長野県松本市の旧開智学校です。雪を被った校舎は、この世のものとは思えないほど美しかった。明治の子どもたちは、建物を見上げて感動したのだろうな、と思います。「新しい時代がきた」とやさしく表現しているような、そのたたずまいが印象的でした。

旧開智学校

\この先生に聞きました/

建築史家
中谷 礼仁 氏
早稲田大学理工学術院創造理工学部教授。専門は建築史、歴史工学、生環境構築史。『未来のコミューン　家、家族、共存のかたち』（インスクリプト、2019年）『実況 近代建築史講義』（インスクリプト、2020年）など著書多数。

「築地ホテル館」が全国に大きなインパクトを与えた

擬洋風建築の始まりは明らかで、それは１８６８（明治元）年、築地に建設され

昇斎一景
『東京三十六景　二十二　築地ホテル館』

た、外国人専用の宿泊施設「**築地ホテル館**」です。現在の清水建設を作った**二代目・清水喜助**という大工棟梁が、横浜の居留地で活動していた西洋人建築家リチャード・ブリジェンスと組んで手掛けました。この斬新な建物が**錦絵**になり、日本全国にその「新しい建物」のイメージが流布されました。ちょうど文明開化が日本全国に浸透し、改革の機運が高まっていた時期です。各地域で「こういう新しい建物を作ってほしい」と地元の大工に依頼して、様々な名作が生まれたのです。

大工が自由な発想で日本と西洋をミックスした

擬洋風建築には大きく3つの特徴が見られます。まず1つは、「**中央の塔屋**」、2つめが「**ベランダ**」の設置、3つめが土蔵などに用いられる日本伝統の「**なまこ壁**」の採用です。これらは**どれも築地ホテル館にあった特徴**です。そして擬洋風建築を語るうえで特に重要なのが「塔」です。

①塔

西洋建築にはよく塔があるので、文明開化的なものを表現するために、塔を採用したのでしょう。しかし、擬洋風建築の塔の形自体は、**西洋由来ではない**のです。私は、それが**江戸時代の「燈明台」という灯台に由来している**ことを発見しました。それらは現在でもいくつか残っています。

江戸時代の燈明台（前芝燈明台 愛知県豊橋市）

灯台とは海岸沿いに立ち、自国と異国の境を象徴しています。そのように、**日本と西洋が遭遇する場所だという意味**で、大工たちは**意図的**に燈明台のデザインを採用している訳です。これはとても重要な点です。

つまり、大工たちは明らかに**西洋的なものと日本的なものをミックスして新しいものを作ってやろう**という意識があり、そのために自分なりのテクニックを用いたのです。

残りのふたつの特徴についても、由来を説明しておきましょう。建物前面のベランダは、**長崎県の出島**にあった外国人用施設に由来しています。当時の出島の様子を描いた絵に、2階にベランダがついている建物が描かれています。ベランダは、西欧諸国がインドやアメリカなどに進出した際、その地の気候に合わせて付加した半屋外の施設だと言われています。それが出島でも実現し、横浜など幕末の居留地においてベランダは**洋式住宅の象徴的な存在**でした。

②ベランダ

③なまこ壁

なまこ壁は、平たい瓦版をひし型に並べて、その間に漆喰をこってりと半円形に塗り上げて作ります。築地ホテル館建設の際、清水喜助はこれを**石造の壁**に見立てて採用したのでしょう。その**造形的な面白さ**も計算にあったはずです。なまこ壁はすべての擬洋風建築で採用されている訳ではありませんが、例えば**漆喰**など、在来の技術を用いて石造りを演出する方法はよく用いられました。

擬洋風建築を見る楽しさは、いま述べてきたような、当時の大工の「**様式的自由さ**」を発見できるところです。文明開化の空気を取り込んだ、自由な発想を擬洋風建築で楽しんでほしいです(談)。

＼ 中谷先生に聞く ／

擬洋風建築Q&A

Q 擬洋風建築の全盛期は? その後、なぜ姿を消した?

擬洋風建築の始まりは、1868(明治元)年の築地ホテル館建設で、そこから明治10年代ぐらいまでが、各地に名作が誕生した隆盛期です。それが明治20年代になると、本格的な建築教育を受けた技術者や設計者が出てきて、公共建築の担い手となっていきます。彼らは、擬洋風建築は作れないし、作らなかった。こうして、擬洋風建築は廃れていきました。ただ、大変稀有な例ですが、大工が擬洋風のテクニックを自分なりに磨き上げて、独自の領域に達したケースがあります。青森県弘前市の堀江佐吉という大工がそうで、旧弘前市立図書館(下)などの名作があります。

Q 擬洋風建築の地域による特色はある?

擬洋風建築は、他の建物とも共通するところと、まったく独自のところが共存しているのが面白い点です。そしてその独自性は、大工の個性によるところが大きい。地域を代表する大工に依頼するため、たまたま近い地域に似た建物が多くなった訳で、地域性というよりは大工の個性と言えるでしょう。

Q 擬洋風建築に多角形の部分が多いのはなぜ?

築地ホテル館では採用されませんでしたが、塔屋など限られた部分を多角的に処理することが流行しました。層ごとに異なる多角形平円で構成された塔屋を持つ山形県の旧済生館本館や、八角形の塔屋を持つ長野県の旧中込学校が代表的なものです。多角形は「和算」をもとにした大工の幾何学技術である規矩術(きくじゅつ)でよく追究されたテーマでした。異なる角度を持った複雑な部材をいかに組み合わせるか、大工が腕を競い合っていたのです。

Q 先生がおすすめの擬洋風建築は?

●済世館(山形県山形市→P.36)
病院建築で、塔屋も建物全体も多角形平面で構成されています。

●旧鶴岡警察署庁舎(山形県鶴岡市)
非常に凝った細かい装飾が施されていて、見ごたえがあります。山形県は優秀な擬洋風建築が多いです。

●尾山神社神門(石川県金沢市→P.72)
この建物も燈明台がモチーフですね。非常に独自の発展を遂げています。

●宝山寺獅子閣(奈良県生駒市→P.100)
山の斜面に建つ懸崖造りが面白い。擬洋風で懸崖造りを使っているのは珍しく、非常に優秀な建物です。

擬洋風建築のルーツをさぐる①

外国人居留地の建物たち

横浜居留地に建てられた和洋折衷の建物たち

外国人居留地とは、開国後の日本に進出した欧米諸国の商人や外交官などの居住地として設けられた地域をいう。１８５８（安政５）年に日米修好通商条約が締結され、その結果、開港場（箱館、横浜、新潟、神戸、長崎）に外国人居留地が設置された。

外国人たちは、慣れ親しんだ生活様式を営もうと、簡単な建築図面を日本の大工に見せて依頼し、瓦葺屋根の和洋折衷の建物が出現した。特に横浜居留地で建てられたフランス海軍病院やフランス軍駐屯所が有名で、それらは後の擬洋風建築とも異なり、フランス人がジャポニスムを希望した「擬和風建築」とも称すべき独特の建築といえる。

それらの建物は１８６６（慶応２）年の豚屋火事で消滅してしまった。

横浜居留地 フランス海軍病院

横浜居留地フランス軍駐屯所

全国各地にできた外国人居留地

聖三一大聖堂

築地居留地

東京は開港場ではないが、東京開市に合わせて1869（明治2）年、築地鉄砲洲（現在の中央区明石町一帯）に設けられた。主にキリスト教宣教師の教会堂やミッションスクールが入った

神戸居留地

1868（明治元）年に設けられた。三方を川と海で挟まれた立地は、外国人と日本人の接触を極力避ける意図があったとされる。合理的な都市計画に基づいて設計された街だった

明治初期の神戸居留地

川口居留地

1868（明治元）年大阪に設置。宣教師らが定住して教会堂を建てた。写真は現在も残る川口基督教会

長崎居留地

中国大陸に在住した欧米人の保養地としてにぎわった。写真は大正時代の様子を捉えた絵葉書

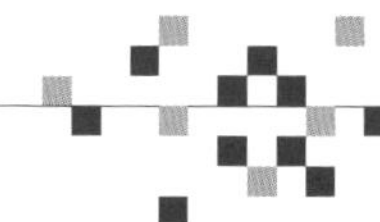

擬洋風建築のルーツをさぐる②

築地ホテル館

全国の大工に衝撃を与えた文明開化建築

「築地ホテル館」は、1868(明治元)年にできた日本初の本格的ホテル。このホテルは、江戸を訪れる外国人のための宿泊、交易場として、イギリス公使ハリー・パークスが江戸幕府に提案し、築地居留地内に建設されることになった。基本設計はアメリカ人の建築技師リチャード・ブリジェンス、実施設計と施工は横浜で洋風建築の技術を学んだ二代目・清水喜助が担当。その後、喜助はホテル経営も引き受けることとなった。

建物は木造2階建ての本館と平屋からなり、建物中央に高さ約18mの物見の塔が配置されている。延床面積約1600坪、102室を備えたという大建築は約13カ月の短期間で完成した。当時としては珍しい水洗トイレやシャワー室、ビリヤード室やバーも設けられていたらしい。

このホテルが完成すると、文明開化の時代を象徴する先進的で華やかな建物をひと目見ようと多くの人が見物に訪れたという。また、ホテルを描いた錦絵が100種以上も流布し、江戸・東京の名所として日本中に名を馳せた。また、築地ホテル館は、二代・喜助が同時期に手掛けた第一国立銀行、為替バンク三井組と合わせて、明治初期の三大洋風建築とうたわれる名建築として後世に名を残すことになる。

しかし、築地居留地が思うように発展せず、ホテル館の経営も厳しくなり、1870(明治3)年には二代・喜助は経営から退くことに。さらに1872(明治5)年、銀座大火で建物は焼失してしまった。

わずか4年で幕を閉じた築地ホテル館であるが、その後全国に建てられる擬洋風建築に影響を与えた記念碑的建築だ。

塔やベランダ、なまこ壁などが特徴的な築地ホテル館

錦絵で“バズった”築地ホテル館

歌川広重（3世）『東京築地ホテル館表掛之図』

歌川芳虎『東京築地ホテル館』

歌川国輝（2世）『東京築地ホテル館 』

守川周重『東京築地ホテル館上総海上遠景図』

歌川広重（3世）
『東京名勝圖會　築地ホテル館の図』

昇斎一景
『東京三十六景　二十二　築地ホテル館』

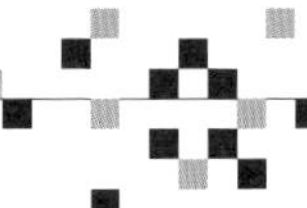

擬洋風建築のルーツをさぐる③

二代目・清水喜助

政府から請け負い 名建築の数々を手掛けた偉人

大工棟梁で、後の清水建設の創業者である二代目・清水喜助は、日本発の擬洋風建築「築地ホテル館」を竣工した、擬洋風建築の父とも呼ぶべき存在だ。

後に二代目・清水喜助となる藤沢清七は、越中井波(現在の富山県南砺市井波)に小間物商の子として生まれた。幼少期から社寺建築に関心を寄せていた清七は大工の道を志し、同郷の初代・清水喜助を頼って江戸へ出た。清七が22歳の時、江戸城西丸造営工事に参加。そこでの働きぶりと腕を喜助に見込まれ、喜助の長女ヤスの婿に迎えられた。

1858(安政5)年、幕末の日本が鎖国を解いた直後から、清七は開港場建設に参加。洋風建築が注目されるなか、清七はこの洋風建築の技術習得にまい進する。

そして1859(安政6)年、喜助が亡くなったことを受け、清水組の横浜店を継承。清七は「二代目・清水喜助清矩」を名乗ることになった。43歳の時である。

その後、1861(文久元)年、外国人関係工事の明治政府の公認請負人として「神奈川役所定式普請兼入札引受人」に指名された。1862(文久2)年にロレイロ邸を施工後は、リチャード・ブリジェンスら外国人技術者のもとで西洋建築を学び、1868(明治元)年、築地ホテル館を施工。その後も1872(明治5)年に第一国立銀行、1874(明治7)年に駿河町三井組といった、錦絵にも残された名建築を手掛けていった。

二代目 清水喜助

事業家としても活躍

二代・喜助は事業家としても成功し、材木商、金物の販売に加え、貸家業、洋品店など多角的な経営に取り組んだ。彼はまた、越後屋三井(のちの三井財閥)との関係を築き、多くの工事を請け負うように。これが縁で紹介された渋沢栄一は後に清水組の相談役となる。

しかし、1881(明治14)年、日本橋本石町の居宅が火災に遭い、その消火活動で風邪を引いたことで体調を崩し、同年8月9日、67歳でその生涯を閉じた。

喜助が手掛けた築地ホテル館以外の歴史的建築

第一国立銀行（海運橋三井組）

駿河町三井組

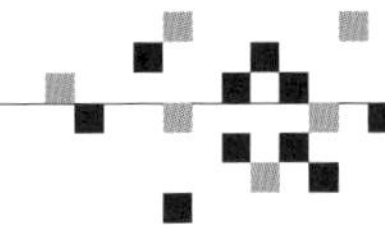

擬洋風建築のルーツをさぐる④

林忠恕による木造官庁建築

重要な擬洋風建築を手掛けた新政府の建築技術者

林忠恕（はやしただひろ）は、擬洋風建築の技師として活躍した三重県出身の大工。正式な建築教育を受けた日本人建築家が本格的に活動する前の時期に、擬洋風建築を多く手掛けた先駆者として知られている。

鍛冶屋、木挽きから大工に転身した林は、横浜でリチャード・ブリジェンスら西洋人技師のもとで働きながら洋風建築を学んだといわれている。

その後、１８７１（明治４）年、工部省に雇われると中央官公庁の営繕を担当。１８７３（明治６）年、トーマス・ウォートルスのいる大蔵省営繕寮に移ると日本人技術者の筆頭となる。１８９３（明治26）年に亡くなるまで、新政府の建築技術者として働き続けた生涯だった。

全国各地に波及していったパラディアニズム様式

林は、大蔵省、内務省、神戸東税関役所、駅逓寮、大審院といった木造官庁舎の設計と施工を手がけ、漆喰を塗った壁や石を貼ったアーチなど、擬洋風の特徴を持った建物を生み出した。これらの建築はパラディアニズムと呼ばれる、１７２０〜１７７０年頃にイギリスで流行した様式を取り入れており、中央官庁の有名な建物ということもあって、全国の建築に大きな影響を与えることとなった。

林忠恕

初代大蔵省庁舎

新政府を象徴する林忠恕の建築

駅逓寮

歌川広重（2世）によって描かれた錦絵『東京開化卅六景 江戸橋驛逓寮圖』

内務省（昔の絵葉書より）

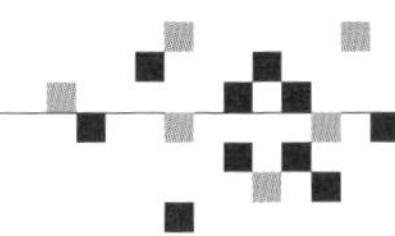

擬洋風建築のルーツをさぐる⑤

藤村式建築

山梨県令によって公共建築で普及した様式

藤村式建築は、明治時代初期に山梨県令・藤村紫朗(しろう)の指導の下で生まれた洋風の公共建築とその様式のことをいう。

1877(明治10)年に甲府を訪れたイギリス外交官アーネスト・サトウが感嘆したように、当時の山梨県では洋風建築の建設が盛んに行われていた。藤村が県令であった頃に建てられた洋風建築は100件以上ともいわれ広く普及していた。この時期に建てられた建築は昭和期から「藤村式」と呼ばれるようになった。

擬洋風建築であるが、そのスタイルは立方体の形状と建物前面に配した二層のベランダが他の地方では見られない藤村式の特徴。特に塔がついた学校建築は、その形状から「インク壺学校」と呼ばれた。これらの特徴は、神戸の外国人居留地の建物や、アメリカの小学校建築の影響を受けていると考えられている。

藤村紫朗

琢美学校

静岡市役所

梁木学校

北海道エリア

豊平館（ほうへいかん）
旧旭川偕行社（かいこうしゃ）
旧金森洋物店

豊平館

明治政府が建てた唯一のホテル

建物のここに注目！

1 優雅な正面玄関

建物全体はアメリカ風様式を基調としながら正面玄関の車寄せにはコリント様式の円柱を配置。さらに装飾的な手すりのバルコニーはヨーロッパ風様式だ。

2 和風意匠の懸魚

正面玄関の円弧形の大屋根の中央には神社仏閣の屋根につく日本古来の火除けのまじない「懸魚」の装飾が見られる。

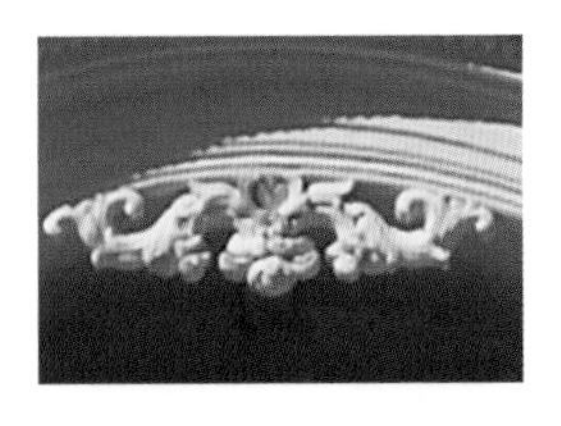

3 開拓使のシンボル

大屋根中央にある「豊平館」の銘板の上には、北海道開拓使のシンボルである赤い五稜星が輝く。この他、豊平館には星形にくり抜かれた破風もある。

4 青が映える窓枠

白い壁にブルーの窓枠が映える外観。用途変更ごとに異なる色で塗られてきたが、1982年からの大改修でかつての色「ウルトラ・マリンブルー」を復元した。

五稜星が輝く マリンブルーの館

北方開拓政策を進めていた明治政府が開拓使直営の洋風ホテルとして1880（明治13）年に建設。現存の木造ホテルとしては国内最古を誇る。

豊平館といえば、白い外壁を青く縁取る「ウルトラ・マリンブルー」がその代名詞で、かつては瑠璃（ラピスラズリ）から作られていた。群青色に染まる柱や軒、窓枠などが鮮やかな印象を放っている。多彩な建築様式を取り入れたこの洋館は、明治初期のホテル建築の貴重な遺構であり、明治・大正・昭和3代にわたる行幸啓が行われた。近年まで、結婚式場として利用され、多くの市民に親しまれてきた。

明治初期に開拓使が手掛けた
歴史的にも価値ある国内最古の木造ホテル

1 最も大きな広間

豊平館では最も大きなスペースだ。前室を含め約172㎡の広さを誇る。天井には2つの中心飾があり、「紅葉」と「大菊」がモチーフとして使われている。1881年には明治天皇の行幸時に謁見所として使用された。

2 豪華なシャンデリア

8つのシャンデリアのうち、4つは建設当時から吊られていたもの。当初はガス式灯具をローソク灯として活用していたが、1922年の皇太子行啓の際に電灯に切り替えられた。現存する「コック」は、かつてガス式灯具であった名残だ。

3 立体的な天井中心飾

シャンデリアの根本にある天井中心飾は、漆喰を立体的に盛る伝統技術「こて絵」によるもの。職人の洗練された漆喰芸術が光る。牡丹、菊、葡萄、椿、鳳凰、波に千鳥など、部屋ごとに異なる日本の伝統文様が彩りを添える。

4 牡丹唐草のカーテン

日本の伝統デザイン「牡丹唐草」の柄があしらわれた当時のカーテンを再現。当時、このカーテンのために使われた洋織りの生地は、ようやく国産化され京都・西陣で織られた生地とされる。

5 エレガントな階段

ロビーに設置された深紅の階段。上り口すぐの位置でカーブを描く、エレガントな佇まいが印象的。その曲線美や装飾から高度な技術が見て取れる。絨毯は筋状に敷かれ、金具で固定されているが、それは建設当時の雰囲気を再現したもの。

豊平館ヒストリー

明治天皇の北海道行幸時、札幌の行在所にもなった

設計当時の完成見取り図「札幌豊平館ノ図」

豊平館は、1880(明治13)年、明治政府機関として建設された唯一のホテル。完成の翌年、明治天皇の北海道行幸の際には行在所として利用され、のちの大正、昭和天皇も皇太子の際に宿泊した。

1882(明治15)年、開拓使の廃止とともに豊平館の所管は札幌県へ移る。その後、宮内省、御料局札幌支庁と所管が移るが、北海道を代表するホテルや宴会場として華々しい役割を担っていた。

1927(昭和2)年、札幌市の所有となっていた豊平館には公会堂が付設され、文化拠点としてにぎわっていた。しかし太平洋戦争が始まると陸軍の占有となり、戦後は進駐軍に札幌支店を接収された三越がここで営業した。

1958(昭和33)年、中島公園内に移築後は2012(平成24)年3月まで結婚式場として利用されるなど時代とともに用途変遷し、今も札幌の歴史を刻み続けている。

建物前には池があり、水面に映る建物が趣深い。

目を凝らして和洋折衷の意匠を楽しみたい。

DATA

豊平館(ほうへいかん)

重文

住 札幌市中央区中島公園1番20号
電 011-211-1951

開 9:00～17:00(入館は16:30まで)
休 毎月第2火曜日(祝休日の場合は直後の平日)、年末年始(12月29日～1月3日)
¥ 個人300円
交 地下鉄南北線「中島公園」、市電「中島公園通」から徒歩約5分
駐 なし

北海道

旧旭川偕行社

シンメトリーなデザインが特徴的な将校たちの社交場

建物のここに注目！

1 煉瓦積みの煙突がアクセントに

屋根の上にある2本のイギリス積煉瓦煙突は、旧旭川偕行社の特徴の一つ。白壁とのコントラストが美しく、思わず目を惹かれる。

2 優美な半円形のバルコニー

大きく張り出した半円形のバルコニー。手すりや柱の装飾にも注目したい。白壁は2017（平成29）年のリニューアルできれいに塗り直された。

3 ダークブラウンの上品なカーテンボックス

当時の装飾がそのまま残されている木彫りのカーテンボックス。一部のガラスにも当時の吹き板ガラスが現状のまま利用されている。

北海道における本格洋風クラブ建築

旧陸軍の社交場として1902（明治35）年に建設された建物。当時は関係者の会議や結婚披露宴などに広く使用された。しゃれた佇まいが印象的なこの洋館は木造2階建て。1989（平成元）年に国の重要文化財の指定を受けており、現在は彫刻家の中原悌二郎を記念する彫刻美術館として利用されている。

DATA

旧旭川偕行社（きゅうあさひかわかいこうしゃ）
（現・中原悌二郎記念旭川市彫刻美術館）
重文

住 旭川市春光5条7丁目 電 0166-46-6277 開 9:00～17:00（入館は16:30まで）休 毎週月曜日（月曜日が祝日の場合は翌日）、年末年始（12月30日～1月4日）¥ 個人450円 交 JR「旭川」からバスで25分 駐 あり

旧金森洋物店

明治のハイカラな雰囲気を今に伝える

かつて旧金森洋物店は舶来製の雑貨などを販売していた。出入口の上には「金」「森」「CANEMORI.MISE」の文字が見える。

現在は市立函館博物館郷土資料館として親しまれている旧金森洋物店。明治時代の商家にまつわる資料を展示している。

実業家、初代・渡辺熊四郎のレンガ造りの洋物店

函館の街の大部分が大火で失われて以来、北海道開拓使は燃えない材質での建築を奨励するようになった。それを受けて1880（明治13）年に建てられた金森洋物店は、北海道指定有形文化財に指定されている。建築には開拓使唯一の官営レンガ製造施設と言われる茂辺地煉瓦石製造所のレンガが使われた。

DATA

旧金森洋物店（きゅうかねもりようぶつてん）
（現・市立函館博物館郷土資料館）
道指定文化財

住函館市末広町19番15号 電0138-23-3095 開9:00～16:30（4～10月）、9:00～16:00（11～3月）休月曜日、毎月最終金曜日、祝日（GW期間中と11月3日は除く）、年末年始（12月29日～1月3日）¥一般100円 交市電「末広町」から徒歩1分 駐なし

東北エリア

旧第五十九銀行本店本館（青森）
盛美園盛美館（青森）
旧岩谷堂共立病院（岩手）
旧済生館本館（山形県）
旧西田川郡役所（山形県）
旧登米高等尋常小学校（宮城）
旧福島県尋常中学校本館（福島）

青森県

旧第五十九銀行本店本館

弘前が生んだ名匠が
残した技の結晶

建物のここに注目！

屋根周囲にはバラストレードと呼ばれる装飾欄干がある。

壁は土蔵のように漆喰で塗籠められていて、窓も防火のために漆喰塗の引戸を入れている。

1 開放的な営業室

1階の営業室は客溜りとの間に仕切り壁を設けず、開放的な大空間となっている。積雪地という厳しい設計条件にもかかわらず大空間を実現した当時の技術力に驚かされる。

2 大変貴重な金唐革紙

2階天井には、金唐革紙が施されている。金唐革紙は和紙に金属箔（金箔・銀箔・錫箔等）が貼られた日本の伝統工芸品。当時のまま現在まで残る金唐革紙は数少なく貴重なもの。

技と魂が込められた弘前の棟梁の傑作

シンメトリーに作られた木造2階建てのルネサンス風建築。柱などの材料には青森県のけやき、建具には「ひば」が用いられている。

膨大な総工費がかけられ、設計と施工は、弘前の大工の棟梁である堀江佐吉が手掛けた。佐吉の持つ和洋の技法と心血が注がれた、弘前を代表する擬洋風建築だ。

DATA

旧第五十九銀行本店本館（きゅうだいごじゅうくぎんこうほんてんほんかん）
（青森銀行記念館）（あおもりぎんこうきねんかん）　重文

住 弘前市大字元長町26番地 電 0172-36-6350 開 9:30～16:30 休 毎週火曜日、年末年始（12月29日～1月3日）交 JR「弘前駅」から市内循環バスで18分、「陸奥新報前」バス停から徒歩2分 駐 なし※大きな祭りの開催期間は開館時間や休館日に変更あり。詳しくは弘前市の公式HPにて要確認。

青森県

盛美園盛美館

異彩を放つ和洋折衷様式の建物

建物のここに注目！

1 八角形の展望室

ドーム屋根を持つ八角形の展望室からの眺めは空中を浮いているような感覚になることから「空中楼閣」とも呼ばれていた。

2 漆喰彫刻の中心飾り

2階の主人室には、漆喰彫刻を施したシャンデリアの中心飾りや天井周りのモールディングといった装飾など、いたるところに洋風な表現が見られる。

3 大理石で飾られた床の間

2階の夫人室には漆喰で大理石風に仕上げた床柱で飾られた床の間がある。大理石の特徴であるマーブル模様を漆喰で再現するその技に感嘆させられる。

庭園の緑に映える和洋折衷の美

建築家・西谷市助により1908（明治41）年に建設された。異なる建築様式が上下に重なる、我が国では他に例のない特異な建築とされている。

1階は純和風の数奇屋造り、2階は白い漆喰壁にドーム屋根や尖塔、棟飾りが見事なルネッサンス調。クラシカルな美しさを放ちながら、日本庭園と見事に調和している。

DATA

盛美園盛美館（せいびえんせいびかん）　国名勝

住 平川市猿賀石林1 電 0172-57-2020 開 ①4月中旬～9月末 9:00～17:00 ② 10月～11月中旬 9:00～16:30 ③11月中旬～4月中旬（冬季営業期間） 10:00～15:00（要予約、平川市観光協会：0172-40-2231） 休 年末年始（12月29日～1月3日） ¥ 一般500円（冬季250円） 交 弘南鉄道弘前線「津軽尾上駅」から徒歩10分 駐 あり

 撮影：伊藤孝之（P32を除く）

岩手県

旧岩谷堂共立病院

西洋建築に挑んだ伝統の技

建物のここに注目！

1 とんがり帽子のような塔屋

ラジオドラマ『鐘の鳴る丘』の主題歌「とんがり帽子」の一節を思い起こさせる赤い屋根の塔屋。朝と夕方に「とんがり帽子」のメロディーが流れる。

2 縦長の窓

全体的に縦長の窓を採用して西洋の雰囲気を醸し出している。「縦」のラインを強調することで、和風建築とは異なる印象に仕上げようという苦心の跡だ。

3 吹き抜けの通し柱

玄関を入ると1階は天井が吹き抜け、広々とした空間が広がっている。建物中央には4階の軒桁まで届く4本の通し柱が立っている。

赤い屋根の塔屋は人気ラジオドラマのモチーフ

1875（明治8）年、岩手県初の西洋医学総合病院として開院した旧岩谷堂共立病院。八角形の塔屋を持つ楼閣様式をベースとする擬洋風建築だ。地元の大工・及川東助の創意と技術が随所に光る。

作家の菊田一夫はこの建物から、戦後の名作ラジオドラマ『鐘の鳴る丘』の舞台設定の着想を得たといわれている。

DATA

旧岩谷堂共立病院（きゅういわやどうきょうりつびょういん）

県指定文化財

住 奥州市江刺南町4-8 電 0197-35-7830 開 10:00～12:00、13:00～17:00 休 火曜日（祝休日の場合は翌日）、冬期間（11月16日～3月19日） ¥ 無料 交 JR「水沢江刺駅」から車で10分 駐 あり

旧済生館本館

中庭をぐるりと囲む独創的な回廊

建物のここに注目！

1 複雑な4階3層の構造

一見、3階建てのようではあるが、内部は4階建てという複雑な造りになっている。構造などに一部、西洋の技術を採用しながら、日本の伝統的な建築技術で造られた。

2 お洒落なベランダ

1階には石敷きのベランダ、2階にはガラス扉付きのベランダ、4階には広いバルコニーを設けている。日本の建築物にはないお洒落な設計だ。

3 雪に負けない瓦

一見、洋風の建物ではあるが、屋根には日本の伝統的な瓦が敷き詰められている。雪が降り積もっても割れないように、丈夫な瓦を特別に作って使用したという。

横浜にあった英国海軍病院がモデル

1966(昭和41)年、国の重要文化財に指定された旧済生館本館。初代山形県令を務めた三島通庸(みちつね)の命によって、西洋の建築を模して造られた病院で、1878(明治11)年に竣工した。

この擬洋風建築のモデルとなったのは、当時の西洋文化の入り口の1つ、横浜にあったイギリス海軍病院。現地まで視察に出向き、「山形にこうした建物を造ろう」と検討。地元の宮大工など約300人の職人により、わずか7か月で完成させた。建物はときの太政大臣、三条実美(さんじょうさねとみ)によって、「人の命を救う館」を意味する「済生館」と命名された。

イギリス海軍病院を手本にした 和と洋の絶妙なコラボレーション

1 ドーナツ型の回廊

中庭を囲むのは、十四角形のドーナツ型の回廊。非常に珍しい独創的な設計で、視察に行った横浜のイギリス海軍病院を手本にして、高度な技術を持つ熟練の職人たちが見よう見まねで造ったものだ。

2 個性的な螺旋階段で上階へ

2階から3階に向かって、洋風建築の印象を強める螺旋階段が伸びる。材はケヤキで、側面には和風の意匠である唐草模様が施されている。純粋な西洋建築ではなく、和洋折衷の擬洋風建築らしい。

3 色とりどりのステンドグラス

窓の上部には赤や青、緑、黄色といったさまざまな色合いのステンドグラスがアーチ状に組み合わされている。当時、国産のガラスを手に入れるのは難しく、小さなガラスを輸入して使ったという。

4 貴重な資料が並ぶ展示室

1、2階を一般公開。1階の8室では教頭兼館医として招いたオーストリア人医師ローレツゆかりの資料、薬剤や医学資料、医学書コレクションなど、2階講堂では郷土の歴史に関する資料を展示している。

ドーナツ型に病室が並ぶ間取り

日本人の職人の高度な技術が光る、多角形平面にこだわった建築だ。特徴的なのは、ドーナツ型にぐるっと巡る1階部分。そして、それらを従えるかのようにそそり立つ、4階3層の塔屋だ。この存在感ある塔屋から、当時の人々は親しみを込めて「三層楼」と呼んだという。

1階の正面玄関は八角形のポーチ。背面には中庭を中心に十四角形の回廊が巡り、それに沿って8室の病室が配置されている。2階には十六角形の大広間が設けられ、上階まで螺旋階段が続く。高度で複雑な設計の擬洋風建築だ。

《 旧済生館本館ヒストリー 》

東北地方における西洋医学発展の中心地

初代山形県令・三島通庸は山形の近代化構想に基づき、街の中心部に近代的な建築物を次々と建設した。その一つである旧済生館本館は、山形県立病院として1878(明治11)年に完成した。

病院のほかに医学校も併設され、オーストリア人医師ローレツによる近代医学の指導が行われた。東北地方で最も早く西洋医学を取り入れ、医学の中心機能を果たしていたが、経営問題から1888(明治21)年に民間に移管される。1904(明治37)年からは再び民間を離れ、山形市立病院済生館として使用された。

昭和30年代後半、老朽化が進んだ済生館は解体することが決まっていたが、文化庁による調査で歴史的価値が認められ、現在の霞城公園内に移築・復原される運びに。1969(昭和44)年、当時と同じく宮大工職人たちの手で修復された。

郷土の歴史を展示する2階では建物の昔の姿も見られる。

開館時間を延長し、夕闇の姿を楽しむイベントも開催。

DATA

旧済生館本館（きゅうさいせいかんほんかん）
(現・山形市郷土館（やまがたしきょうどかん）) 重文

住 山形市霞城町1番1号
電 023-644-0253

開 9:00〜16:30
休 年末年始(12月29日〜1月3日)
¥ 無料
交 JR奥羽本線「山形駅」から徒歩約15分
駐 あり

山形県

旧西田川郡役所

明治天皇が東北巡行で訪れた由緒ある洋館

建物のここに注目！

1 気候にあわせた窓

青い枠が白い外壁に映える上げ下げ窓は、庄内平野特有の強風を防ぐために二重窓が採用された。気候も考慮した設計、施工になっている。

2 ルネサンス様式の玄関

玄関扉上部にペディメント（飾り屋根）と長方形のガラス窓を配置。玄関ポーチの柱の装飾にはルネサンス様式が見られる。

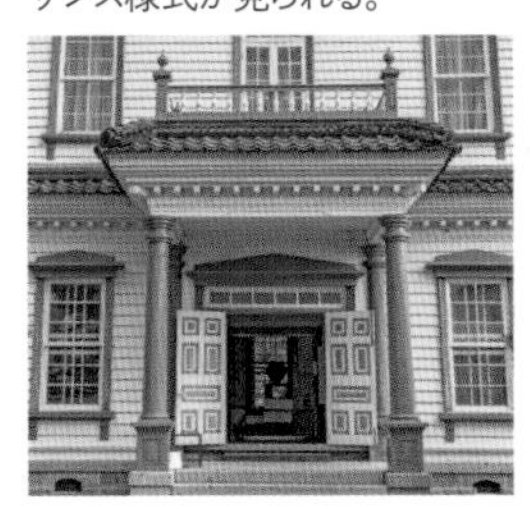

3 擬洋風の象徴・塔屋

建物中央には塔屋・時計塔がある。ここへの内階段は、ルネサンス初期に流行った、下から支える柱がない「釣り階段」式。

ルネサンス式の端正な建物

1881（明治14）年に完成したルネサンス風の擬洋風建築。完成した年には明治天皇が巡幸され、行在所として使用された。現在は致道博物館に移築保存されている。

中央に突出したバルコニーと塔屋・時計塔を備えた木造2階建てで高さは20m。現在、時計台の時計は市内の常念寺に移設されている。

DATA

きゅうにしたがわぐんやくしょ
旧西田川郡役所 重文

住 鶴岡市家中新町10-18（致道博物館内）電 0235-22-1199 開 9:00～17:00、9:00～16:30（12～2月）休 年末年始（12月28日～1月4日）、12～2月は毎週水曜日 ¥ 個人800円（致道博物館）交 JR「鶴岡駅」から湯野浜温泉方面バスで10分、「致道博物館前」バス停下車すぐ 駐 あり

宮城県

旧登米高等尋常小学校

当時の様子を伝える
白ペンキの玄関ポーチ

建物のここに注目！

1 半六角形の昇降口

校舎両翼の先端には、平屋造の六角形を半分にした形状（六方という）をした生徒用の昇降口が。複雑なトラス構造の小屋組みを特徴としている。

2 昔と変わらぬポーチ

正面校舎中央に突き出す構造で配置されたバルコニー式の玄関。バルコニーのある玄関ポーチの部分だけ、明治の頃から白ペンキで塗られていた。

3 イオニア式の装飾

2階、吹き抜けになっているバルコニーの柱の柱頭には、ギリシャ建築のイオニア式（優雅さをたたえる渦巻き模様）を簡略化した装飾が見られる。

明治期の学校建築の特色が随所に

1888（明治21）年に完成した旧登米高等尋常小学校は、木造2階建て。正面には突き出したバルコニー式の玄関があり、ギリシャ建築のイオニア式の柱が特徴的。校舎はコの字型で、屋根は寄棟造り桟瓦葺き。明治時代の学校建築は平面形が一文字からコの字へと変化するが、この学校はその過程を示す貴重な建築だ。

DATA

旧登米高等尋常小学校（きゅうとよまこうとうじんじょうしょうがっこう）（現・教育資料館（きょういくしりょうかん））　重文

住 登米市登米町寺池桜小路6 電 0220-52-2496 開 9:00～16:30 休 年末年始 ¥ 個人400円 交 JR「柳津駅」から登米市民バスで13分、「三日町」バス停下車 駐 あり

福島県

旧福島県尋常中学校本館

開拓の地に建つ、
新時代の学び舎

建物のここに注目！

1 風格ある玄関ポーチ

建物の正面から見て最も目立つのが、当時の日本にはない洋風のたたずまいの玄関ポーチ。八角形の柱を用いて、八角形に配置した腰屋根を設けている。

2 屋根には鬼瓦

屋根は4方向に傾斜する寄棟造となっている。その瓦は銅線で瓦桟に固定されている。軒先の唐草瓦、棟の熨斗（のし）瓦、両端の鬼瓦が目をひく。

3 時代を表す生徒像

本館前には明治・大正・昭和の3時代に学んだ安積の生徒、「安積健児」を表現した像が立つ。それぞれが時代を象徴する姿をしており、左端の明治の生徒は袴をはいている。

建築の地に残された鹿鳴館風の美しい建物

地元での通称「安高（あんこう）」、福島県立安積高校の正面に、とても風格のある建物が建っている。１８８９（明治22）年に建築された旧福島県尋常中学校本館。その後も移築されることなく、１３０年以上も同じ地に残っている。

１９７３（昭和48）年まで、実際に校舎として使用。安積高校の創立百周年にあたる１９８４（昭和59）年、「安積歴史博物館」として整備された。１９７７（昭和52）年には国の重要文化財に指定。明治期に建てられた代表的なルネサンス様式の洋風建築で、鹿鳴館風の優れた建物だと評価されている。

桑野御殿と呼ばれた 重厚で華麗なたたずまいが残る

1 ノスタルジックな復元教室

教室の壁は漆喰塗りで美しく仕上げられ、壁の下半分には巾木を廻らせている。昔使われていた木製の机と椅子が整然と並べられ、ノスタルジックな雰囲気が漂う。机には当時の芸能人の名前などの落書きも残る。

2 講堂には豪華なシャンデリア

広々とした講堂もある。500人ほどを収容でき、集会などの際には全校生徒が集まったのだろう。天井には大きなシャンデリアが2つ吊るされている。当時は電球や蛍光灯などではなく、時代を感じさせるローソクの火で照らす仕組みだった。

3 美しく伸びる階段

生徒たちの元気な声が聞こえてきそうな階段。美しく仕上げられた重厚な造りで、柔らかな印象を受ける白壁と、木の落ち着いた色合いのコントラストが美しい。精緻な仕上げの手すりにも職人技が光る。

4 往時を感じられる廊下

廊下は当時のままのような雰囲気。明治、あるいは大正時代にタイムスリップしたのではないか、という気分になる。各部屋の入口に掲げられた名札は右から左に読むスタイル。「所務事」「室接応」などと書かれている。

フォトジェニックなスポットとして人気

旧福島県尋常中学校本館は、明治期の洋風建築に多く見られたバルコニー式玄関を持つ、スケールの大きな学校建築。上げ下げ式の窓の周り、玄関ポーチやベランダなど、建物の随所に当時の職人が工夫した木造洋風技術を見ることができる。内部も講堂に吊るされたシャンデリアなど、流行の最先端を印象づける豪華な雰囲気が漂っている。当時の地名、桑野村にちなみ、「桑野御殿」と呼ばれたというのもうなずける造りだ。いまはフォトジェニックなスポットとしてインスタで人気を呼んでいるほか、映画やドラマなどの撮影にも利用されている。

旧福島県尋常中学校本館ヒストリー

村の人々の願いが込められた開拓精神の象徴的建築

1886年（明治19）年に中学校令が変更されると、福島・平・若松にあった3つの中学校を福島中学校に統合し、福島県尋常中学校として再編。統合後の新校舎として、旧福島県尋常中学校本館が桑野村（現在の郡山市）に建築された。当時、桑野村は開拓事業によって急速な発展を遂げており、農民の協力もあって建設が実現したといわれている。

建設当時、県内で最も進んでいた洋風建築だった。創建された地に当時の面影を保ちながら現存する、全国的にも貴重な学校建築の一例だ。この学び舎からは、明治の思想家・高山樗牛や小説家・久米正雄、史学者・朝河貫一などの著名人が多く輩出された。安積高等学校本館として長らく使用されてきたが、時を経て、現在は安積歴史博物館として一般に公開されている。

当時の教育に関する資料などの展示も。

学校らしく、春には桜が美しく咲き誇る。

DATA

旧福島県尋常中学校本館（現・安積歴史博物館）
重文

住 郡山市開成5-25-63
電 024-938-0778

開 10:00～17:00（入館は16:30まで）
休 月曜日（祝日の場合は翌日）、年末年始（12月28日～1月4日）、冬季期間（1・2月の平日）
※2023年10月～2027年3月は修復・耐震工事のため長期休館
¥ 一般300円
交 JR東北本線「郡山駅」から福島交通バス、バス停「安積高校」から徒歩約5分
駐 あり

擬洋風建築のDNA？「看板建築」

関東大震災後に流行した商店のスタイル

本書では、明治時代に建てられた擬洋風建築を中心に紹介しているが、いくつか変わり種も取り上げている。P59～P61の「武居三省堂」「村上精華堂」「植村邸」がそうで、厳密には「擬洋風」のジャンルには含まれない。建てられた年代も昭和初期と、かなり最近。しかしこれらの建物も、明治時代の擬洋風建築と同様、和風と洋風がミックスされたような独特のたたずまいを見せている。

これらの建築は、一般的に「看板建築」と呼ばれ、1923(大正12)年に起こった関東大震災の復興期に、中小規模の商店で流行した建築形式。建物自体は木造町屋ながら、軒が大きく出ていない西洋風のつくりで、震災の大火の教訓から、建物正面の外壁がモルタル、金属板、タイルなど不燃性の材質で覆われている。そしてその正面部分が平らであることから、自由な装飾が施され、まるで1枚の看板のように見える。

震災復興時、看板建築は地方から大工が東京にやって来て建設を手掛けたため、仕事を終えた彼らが戻ることで、看板建築は各地に広まったとも言われている。実際の看板建築は、都内をはじめ、各地にわずかながら現存している。いつかなくなるかもしれないので、ぜひ探してみてほしい。

関東エリア

旧群馬県衛生所（群馬）
旧本庄警察署（埼玉）
旧東京医学校本館（東京）
慶應義塾三田演説館（東京）
学習院旧正門（東京）
妙法寺鉄門（東京）
武居三省堂（東京）
村上精華堂（東京）
植村邸（東京）
福住旅館金泉楼・萬翠楼（神奈川）
富士屋ホテル（神奈川）

群馬県

旧群馬県衛生所

地方における公共建築の堂々としたたたずまい

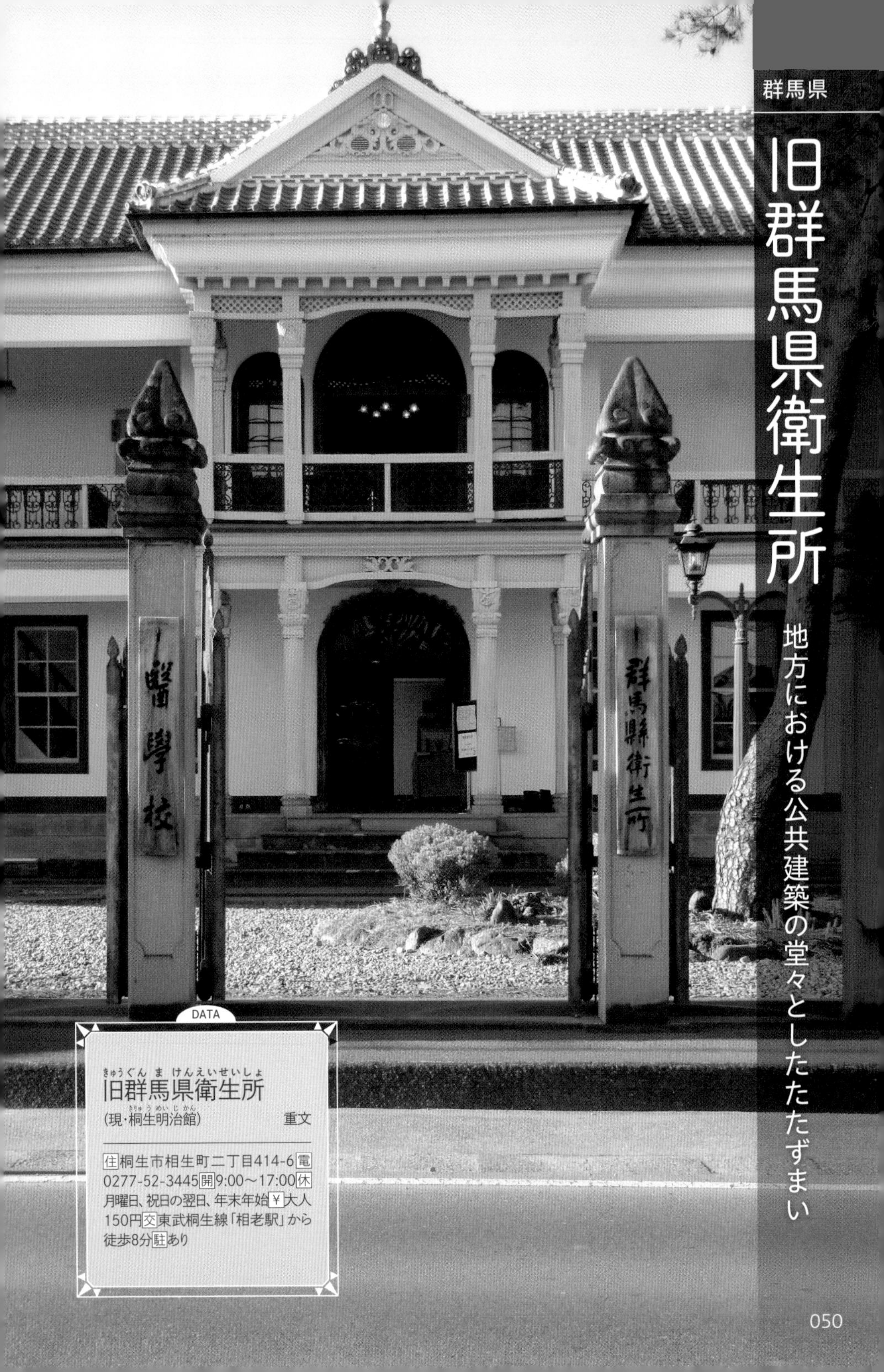

DATA

旧群馬県衛生所（きゅうぐんまけんえいせいしょ）

（現・桐生明治館（きりゅうめいじかん））　重文

住 桐生市相生町二丁目414-6 電 0277-52-3445 開 9:00～17:00 休 月曜日、祝日の翌日、年末年始 ¥ 大人150円 交 東武桐生線「相老駅」から徒歩8分 駐 あり

建物のここに注目！

1 ベランダから部屋へ出入りする

階段は2階のベランダに直接つながっている。各部屋はそれぞれ独立していて、ポーチ・ベランダが廊下の役目を担い、そこから出入りするようになっている。

2 明治初期の擬洋風な建物

ポーチ付の玄関、2階にベランダが配され、屋根には鬼瓦とまさに明治初期の擬洋風建築である。昭和61（1986）年から桐生明治館として公開されている。

3 明治期の家具がある貴賓室

当時の優雅なひとときを想像することが出来る貴賓室。大正天皇や昭和天皇がご来桐の折にご使用になった椅子も展示されている。

柱飾りは西洋建築風、屋根には鬼瓦の擬洋風建築

1878（明治11）年、旧群馬県衛生所は、県立医学校と衛生所を併設する施設として現在の前橋市に建てられた。

屋根を支える小屋組みは和風、入母屋屋根の破風部分、柱など外観に施された装飾で西洋の雰囲気を漂わせる典型的な擬洋風建築。中央に玄関ポーチを設けた木造2階建てで、平面は正面の両端を前方へ折り曲げたコの字型になっている。中央の玄関ポーチを中心に左右対称に配置されているためどっしりとした安定感が伝わる。

明治初期の地方における洋風公共建築の一例として重要な建物だ。

埼玉県

旧本庄警察署

アカンサスの装飾が印象的な警察署

建物のここに注目！

1 柱にアカンサスの葉の彫刻

木で出来ている柱の上部には、アカンサスの葉の彫刻。アカンサスは、ギリシア建築の一種であるコリント式の建築物の特徴的な装飾である。

2 灯りとりのための半円形の窓

ベランダ側の窓には採光を図るためのモダンな半円窓が設けられている。ベランダの手すりも警察らしからぬ優雅で洒落たデザインになっている。

3 約50年間、警察署として使用

昭和10(1935)年から約50年間警察署として使用された。以後は、消防団本部・簡易裁判所・区検察庁・公民館・図書館・資料館として利用された。

柱の装飾が印象的な擬洋風建築

1883(明治16)年に建てられた擬洋風建築。2階のベランダにはアカンサスの葉を彫刻した柱が並び、明かり取りの半円窓や天井の灯火掛けの漆喰レリーフなど、明治時代の擬洋風建築の特徴が随所に見られる。敷地内には人民控所や井戸館も現存。棟札によると、美里村の角田富蔵が設計を担当した、とある。

DATA

きゅうほんじょうけいさつしょ
旧本庄警察署

県指定文化財

住本庄市中央1-2-3 電0495-25-1186 開柵越しに外観のみ見学可能 ¥無料 交JR「本庄駅」から徒歩10分 駐あり

 写真提供：本庄市教育委員会

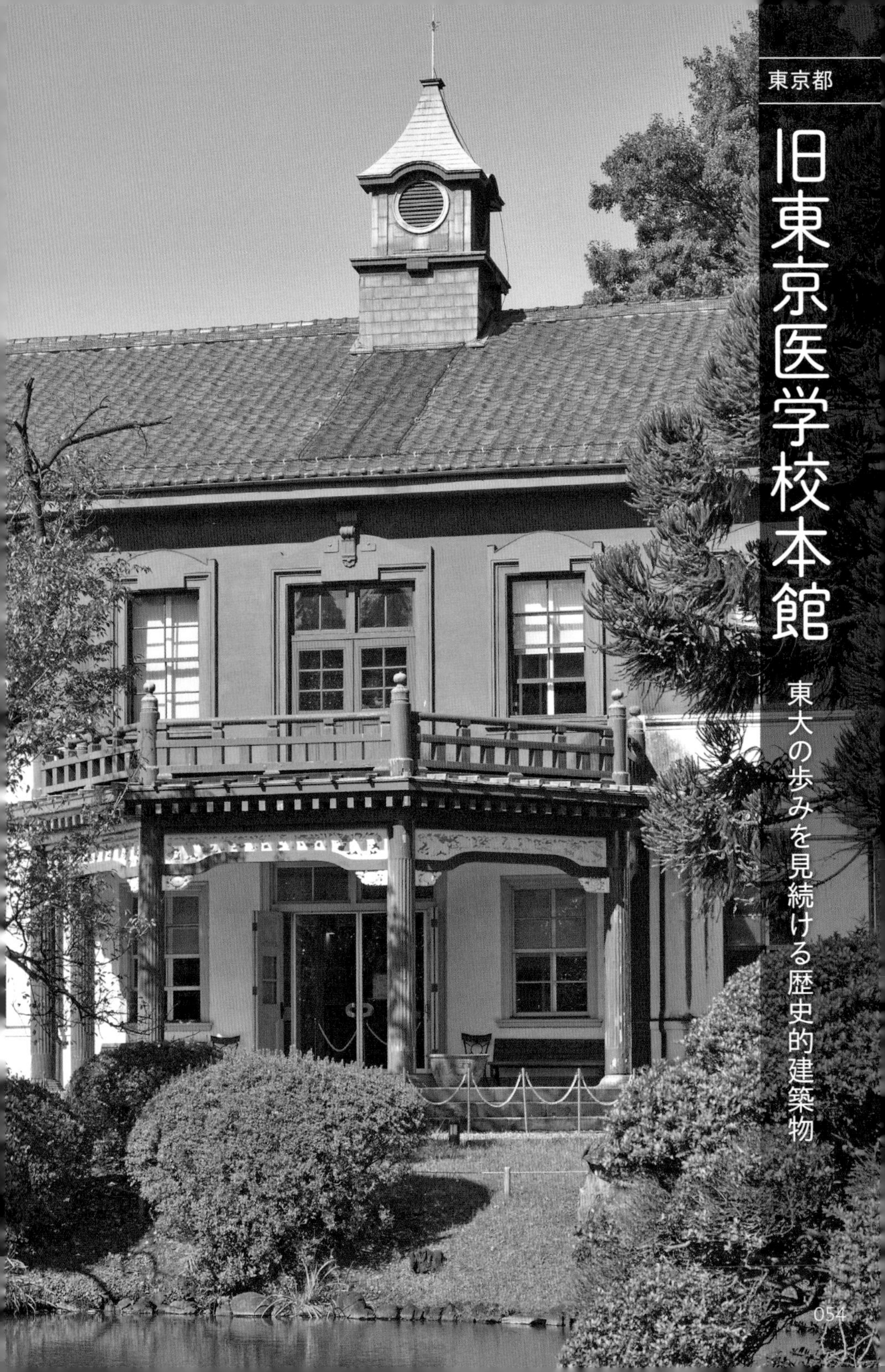

東京都

旧東京医学校本館

東大の歩みを見続ける歴史的建築物

建物のここに注目！

1 屋根の上には当初、かわいい時計台が

創建された当時、屋根の上には4面に文字盤のある時計台が設置されていた。のちに取り除かれたが、突き出た三角屋根の部分にいまも面影を見ることができる。

2 不思議な擬宝珠高欄

正面玄関は洋風の香りが漂うポーチのある設計。しかし、その上のバルコニーにはなぜだか、寺院の階段などでよく見られる擬宝珠のついた高欄を巡らせている。この和洋折衷のユニークさが擬洋風建築ならではの魅力だ。

3 貴重な資料を展示

この建物は現在、東京大学総合研究博物館小石川分館となっている。館内には建築関連などの貴重な資料を展示。2階に上がると屋根裏の構造も見ることができる。※現在休館中

DATA

旧東京医学校本館（きゅうとうきょういがっこうほんかん）
(現·東京大学総合研究博物館小石川分館（とうきょうだいがくそうごうけんきゅうはくぶつかんこいしかわぶんかん） 重文

住 東京都文京区白山3-7-1
電 050-5541-8600(ハローダイヤル) 開 ※休館中

一見洋風だが、和風と唐風のテイストも

屋根にちょこんと三角屋根の帽子を被った旧東京医学校本館。東京大学の前身である東京医学校の施設として、1876(明治9)年に文部省および東京医学校内の営繕掛の設計により建築された。全体的にシンプルな造りながら、和風、洋風、唐風が混在する独特なデザインが特徴だ。1970(昭和45)年に国指定重要文化財となった。

東京都

慶應義塾三田演説館

近代文明の道しるべとなった演説館

演説館といえば「なまこ壁」。このなまこ壁は斜めに並べた平瓦を打ち付けて、目地を漆喰でかまぼこ型に塗り形成されている。

2階左右にギャラリーを設けたオーディトリアムの形式の館内。正面奥の演壇の背後にめぐらされた曲面状の壁は音響的な効果をもたらす。

なまこ壁の外観と開放感のある洋風空間

慶應義塾大学の創立者・福沢諭吉が組織した三田演説会。その演説会を行う会場として1875(明治8)年に建てられた。外観には城郭や武家屋敷などに用いられた「なまこ壁」という日本独特の手法が採用されているが、内部は吹き抜けのある洋風の空間が広がる。アメリカの会堂の図面を参考にして建てられた。

DATA

慶應義塾三田演説館(けいおうぎじゅくみたえんぜつかん)

重文

住 港区三田2-15-45 電 03-5427-1541 開 8:30～17:00(外観のみ見学可能) 休 年末年始、入試期間等 ¥ 無料 交 JR「田町駅」から徒歩8分、都営地下鉄浅草線・三田線「三田駅」から徒歩7分、都営地下鉄大江戸線「赤羽橋駅」から徒歩8分 駐 なし

写真提供:慶應義塾広報室

東京都

学習院旧正門

明治期の鋳造技術の粋を示す門

東京にある最古の鋳鉄製の門。1877(明治10)年に神田錦町に建てられた後、各地を転々とし、1950(昭和25)年に現在の場所に移築された。

この鋳鉄製の門は埼玉県川口市の鋳物工場で製作され、当時の技術がうかがい知れる貴重なものとして1973(昭和48)年に国の重要文化財に指定された。

擬宝珠を乗せた ひときわ目立つ赤い門

1877(明治10)年、神田錦町にあった華族学校(学習院)の正門として建てられた。鋳鉄製の門は左右に脇柱と袖塀があり、本柱と本柱の間は5・54メートル、本柱と脇柱の間は1・7メートル。扉は洋風の鉄扉だが、方柱の本柱と脇柱には唐草や蕨手紋様という日本的な意匠が透かし彫りされている。

DATA

がくしゅういんきゅうせいもん
学習院旧正門

重文

住新宿区戸山3-20-1(外観のみ見学可能) 休日曜日・祝日は閉門 ¥無料 交東京メトロ副都心線「西早稲田駅」から徒歩1分、東京メトロ東西線「早稲田駅」から徒歩10分、JR線・西武新宿線「高田馬場駅」から徒歩15分 駐なし

東京都

妙法寺鉄門

極彩色の鳳凰が舞う鉄門

左右の門柱に掲げられた文言は、当時の身延山第七十四世吉川日鑑法主による筆跡の漢詩。左は「花飛浄界香成雨（花は浄界に飛んで、香りは雨となる）」、右は「金布祇園福有田（金を祇園に布（しい）て福は田に有り）」と書かれている。

日本寺院として斬新な和洋折衷デザイン

鹿鳴館やニコライ堂などを手掛けたイギリス人の建築家、ジョサイア・コンドルによる設計で、1878（明治11）年に完成した。門柱の頭には青銅鋳造の童子が安置されている。門扉にはアカンサスの唐草模様をメインに橘花、井桁橘紋が幾何学的に配置されるなど、和と洋の様式が融合した独特な意匠をもつ鉄門だ。

DATA

妙法寺鉄門（みょうほうじてつもん）

重文

住杉並区堀之内3-48-8 電03-3313-6241 開5:30～17:00（3月21日～9月22日）、6:00～16:30（9月23日～3月20日）休なし ¥無料 交東京メトロ丸の内線「新高円寺駅」から徒歩13分 駐あり

武居三省堂

擬洋風テイストを受け継ぐ看板建築

外観は三階建てに見えるが、当時は三階以上に居室を造ることは許可されなかったため、緩やかな勾配の屋根の下は「屋根裏部屋」とした。

店内片側の壁一面の棚には多数の引き出し、天井には吊り棚を配し、神田界隈特有の細長い敷地を有効利用する工夫が随所に見られる。

限られた空間を有効利用する工夫が随所に

関東大震災後に建てられた「看板建築」で、明治初期に東京・神田で創業した文具店。建物の正面が燃えにくいタイルで覆われているのは、防火対策の一環。勾配の緩やかな屋根の下は、あくまでも屋根裏部屋として利用されていた。

DATA

武居三省堂（たけいさんしょうどう）（江戸東京たてもの園内）

住 小金井市桜町3-7-1（都立小金井公園内）電 042-388-3300 開 9:30〜17:30（4〜9月）、9:30〜16:30（10〜3月）※入園は閉園時刻の30分前まで 休 毎週月曜日（祝休日の場合は翌日）、年末年始 ¥ 個人400円 交 JR「武蔵小金井駅」から西武バス、「小金井公園西口」バス停下車、徒歩5分、JR「東小金井駅」からCoCoバス、北東部循環「たてもの園入口」バス停下車、徒歩10分、西武新宿線「花小金井駅」から西武バス、「小金井公園西口」バス停下車、徒歩5分 駐 あり

東京都

村上精華堂

ハイカラなたたずまいの看板建築

イオニア式の列柱は、明治期以来、正規の建築教育を受けた建築家たちがよく用いる建築様式だったが、看板建築に用いる例はめずらしい。

店頭から見える奥の室内は和風。一般公開されていない2・3階もそれぞれ畳敷きの和室という建物正面との対比が面白い構成だ。

イオニア式列柱が特徴的な看板建築

東京・不忍通りにあった村上精華堂は、化粧品を扱う小間物屋。

建物は1927（昭和2）年に創業者・村上直三郎が建てたもの。寄棟造に桟瓦葺の和風屋根と、正面は人造石洗い出し、イオニア式の柱を特徴とする和洋折衷の看板建築だ。

DATA

村上精華堂（むらかみせいかどう）（江戸東京たてもの園内）

住 小金井市桜町3-7-1（都立小金井公園内）電 042-388-3300 開 9:30～17:30（4～9月）、9:30～16:30（10～3月）※入園は閉園時刻の30分前まで 休 毎週月曜日（祝休日の場合は翌日）、年末年始 ¥ 個人400円 交 JR「武蔵小金井駅」から西武バス、「小金井公園西口」バス停下車、徒歩5分、JR「東小金井駅」からCoCoバス、北東部循環「たてもの園入口」バス停下車、徒歩10分、西武新宿線「花小金井駅」から西武バス、「小金井公園西口」バス停下車、徒歩5分 駐 あり

東京都

植村邸

施主と職人、こだわりの結晶

お店のシンボルマークが付けられた3階の壁梅雨欧。星形に重なるローマ字のUとSは、「Uemura」「Shoten」の頭文字ともいわれている。

銅版に覆われて全体的に洋風な印象ながらも、2階部分は戸袋や高欄が見られるなど和風なつくりとなっているのも注目ポイント。

建物がたどってきた歴史を物語る銅板

建物の前面全体が銅板で覆われた看板建築。全体的に洋風の意匠だが、2階部分は和風の造りとなっている。

この建物は旧所有者である植村三郎自らが設計したもの。銅板には装飾が施され、特に2階の窓の上にあるアーチ部分の飾りは見どころのひとつ。

DATA

植村邸（うえむらてい）　（江戸東京たてもの園内）

住 小金井市桜町3-7-1（都立小金井公園内） 電 042-388-3300 開 9:30〜17:30（4〜9月）、9:30〜16:30（10〜3月）※入園は閉園時刻の30分前まで 休 毎週月曜日（祝休日の場合は翌日）、年末年始 ¥ 個人400円 交 JR「武蔵小金井駅」から西武バス、「小金井公園西口」バス停下車、徒歩5分、JR「東小金井駅」からCoCoバス、北東部循環「たてもの園入口」バス停下車、徒歩10分、西武新宿線「花小金井駅」から西武バス、「小金井公園西口」バス停下車、徒歩5分 駐 あり

神奈川

福住旅館金泉楼・萬翠楼

宿泊できる国の重要文化財

建物のここに注目！

1 二棟の間に玄関を設けるユニークな設計

1885（明治18）年頃に撮影された福住旅館金泉楼（左）と萬翠楼（右）。玄関の位置や三階をひとまわり小さくつくる階層構成に特徴がある。

2 著名人が書いた掛け軸や豪華な天井画は必見

伊藤博文、有栖川宮熾仁親王などが訪れた萬翠楼15号室。天井には江戸から明治期の絵師による48枚の天井画が描かれており興味深い。

3 森鴎外も愛した美しい部屋

金泉楼30号室は白亜の天井が特徴的な和洋折衷の部屋。この部屋は森鴎外が発表した小説『青年』の舞台になったという説もある。

大胆かつ華やかな明治の職人技に触れる

福住旅館は1625（寛永2）年創業の歴史ある旅館。その十代目主人・福住正兄は西洋風と数寄屋造りが融合する「金泉楼」を1877（明治10）年に、「萬翠楼」をその翌年に完成させた。

その構造はともに1・2階は木骨石造、3階は漆喰塗りの土蔵造。内部は独創的なデザインや仕掛けが随所にある。

DATA

福住旅館（ふくずみりょかん）
金泉楼（きんせんろう）・萬翠楼（ばんすいろう）　重文

住 足柄下郡箱根町湯本643 電 0460-85-5531 開 旅館として営業中のため宿泊可能 交 小田急電鉄小田原線「箱根湯本駅」から徒歩5分 駐 あり

写真協力：福住旅館、写真提供：箱根町立郷土資料館

神奈川県

富士屋ホテル

貴重な西洋式建築の数々

建物のここに注目！

1 孔雀、鳳凰が舞う

本館玄関ポーチに載る唐破風屋根には孔雀と鳳凰が彫刻された迫力のある懸魚が飾られ、絢爛豪華な雰囲気を醸し出すアクセントになっている。

2 色鮮やかな赤のアクセント

本館の玄関横にある、目を引く赤い高欄付のバルコニー。まさに和洋折衷というべき趣にあふれている。

3 創建当時の姿を残す西洋館

本館と約15度の角度でわずかに向かい合う、明治39年（1906年）に建てられた西洋館。擬洋風建築らしい唐破風の玄関など、創建当時の面影をそのままに残している。

現在も多くの人を魅了する和洋融合の建築美

1878（明治11）年に開業した国内初の本格的リゾートホテルである。登録有形文化財を5棟有し、中でも1891（明治24）年に完成した本館は、外観は唐破風の屋根、鬼瓦や懸魚など和風の意匠が目を引くが、同時に柱頭にはコリント式の装飾が使われるなど、和と洋の要素が絶妙に組み合わさった独自のスタイルを持っている。

木造でありながら大変強固な建物で、大正12（1923）年におきた関東大震災の際もガラス戸一枚も割れずに残った。本館縦問は現在でも一階フロント・ロビー、二階が客室として親しまれている。

重厚かつ気品ある装飾が
他にはない空間を造る

1 非日常の時間が流れるロビー

本館ロビーフロアーは、白亜の天井と装飾の施された柱の列が美しく、まるでクラシック映画の世界に足を踏み入れた錯覚に陥る。大きなガラス窓からは日の光が差し込み、時間の流れもここだけゆったりと流れているように感じる。

2 ヘレン・ケラーの尾長鶏

1937(昭和12)年、ヘレン・ケラーがホテルを訪れた際、尾長鶏を膝に乗せて触れ合ったが、2度目の来日時には尾長鶏はすでにこの世になくヘレンは悲しんだという。次の来館時に懐かしんでほしいとロビーの柱に尾長鶏を彫刻した。

3 飴色に輝く大階段

本館ロビー横にあるフロント前の大階段は、優雅に流れる曲線を描く木製の手すりやその支柱に施された彫刻が印象的。美しい飴色に輝き、階段裏も格天井のように仕上げられている。ウェディングフォトの撮影場所としても有名。

4 花鳥風月に飾られた天井

食堂棟にある「メインダイニングルーム・ザ・フジヤ」の開放感のある大空間もさることながら、6m高の折り上げ格天井は圧巻のひと言。日本アルプスの草花が636種、野鳥が308種、蝶が239種も精緻に鮮やかに描かれている。

贅を尽くした
内装に目を見張る

1891(明治24)年に建設された富士屋ホテル本館は、ホテルの中枢として今も機能し続ける。開業当初から外国人客の宿泊を強く意識し、洋風の意匠を基調に和風の意匠を融合させた特異な建物だ。

正面中央に唐破風屋根の玄関ポーチを持つ和風の外観が特徴。また、内部も当初は洋風のデザインを基調に造られていたが、館内の随所に尾長鶏、梅の花、龍などさまざまな和風テイストの彫刻が飾られるようになっていく。

度重なる増改築を経て、現在では新旧が混在する構造でありながらも上質な時間が流れる空間となっている。

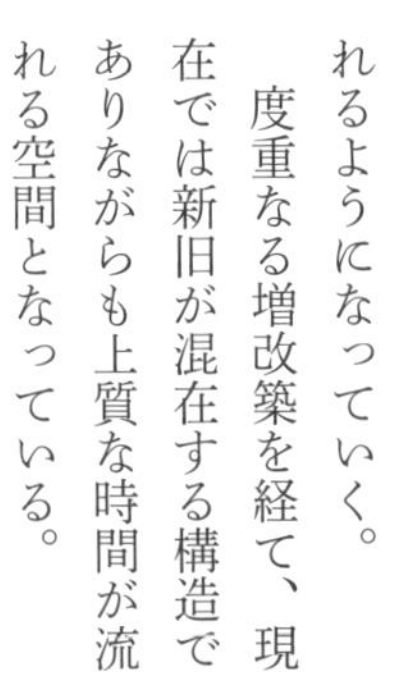

《 富士屋ホテルヒストリー 》

国内外の著名人が滞在したリゾートホテル

富士屋ホテルの歴史は、創業者・山口仙之助が福沢諭吉から国際観光の重要性を学び、ホテル創業を決意したことに始まると伝えられている。

このホテルは、近代国家を目指す日本が外国からの訪問者を受け入れる施設が必要とされた時代に誕生した。箱根・宮ノ下が選ばれた理由は、東京・横浜から近く富士山にも近い景勝地であり、温泉が豊富に湧いていたことが挙げられる。時には外国人客専用のホテルになったり、戦後の進駐軍に接収されたりなど、歴史的なエピソードが尽きない。

創業時より著名な外国人宿泊客がこぞって訪れたことでも知られている。例えばヘレン・ケラーやチャーリー・チャップリン、ジョン・レノン。また、夏目漱石、川端康成、三島由紀夫などの文人たちにも愛されたホテルである。

ホテルの創業から現在に至る歴史により深く触れたいなら、花御殿地下1階にある「ホテル・ミュージアム」を訪れてみよう。貴重な写真や史料からホテルの歴史をたどることができる。昔の客室に設置されていた洗面台や、従業員の法被、経営資料や書簡、改築まで至らなかった建築計画や図面といった、建物好きには興味深い展示の数々を楽しめる。

花御殿は和と洋の粋を極めた富士屋ホテルの集大成。

箱根の緑と青空に映える西洋館。

DATA

富士屋(ふじや)ホテル

登録有形文化財

住 足柄下郡箱根町宮ノ下359

電 0460-82-2211

開 ホテルとして営業中のため宿泊可能

交 箱根登山電車「宮ノ下駅」から徒歩7分

駐 あり

やがて擬洋風建築から本格的な西洋建築へ

イギリス人建築家コンドルから学んだ辰野金吾

明治以降に各地で建築された擬洋風建築は、大工の棟梁の手によって建てられたもので、本格的な西洋建築とは違っていた。そこで、明治政府は本格的な西洋建築を設計できる日本人を養成するために、若手イギリス人建築家のジョサイア・コンドルを招いた。ジョサイア・コンドルは1877(明治10)年から工部大学校造家学科(現・東京大学工学部)の教授を務め、自身も鹿鳴館や三菱一号館を設計し、日本に本格的な西洋建築を根付かせる礎を築いた人物だ。

そのコンドルに学んだ一人が東京帝國大学の一期生の辰野金吾である。辰野金吾は造家学科を首席で卒業し、のちにコンドルの後任として造家学科の教授を務めるが、彼が設計した建物にはネオ・バロック様式を主体しつつ壁面にルネサンス様式の意匠を取り入れた日本銀行本店や、赤レンガに白い花崗岩でラインを描いた「辰野式」と呼ばれるデザインが印象的な東京駅がある。

迎賓館赤坂離宮

三菱一号館

東京駅

中部エリア

旧新潟税関庁舎（新潟）
尾山神社神門（石川）
旧福井県警察部庁舎（福井）
旧睦沢学校校舎（山梨）
旧中込学校（長野）
旧開智学校（長野）
旧岩科学校（静岡）
歩兵第六聯隊兵舎（愛知）
三重県庁舎（愛知　※三重より移築）
名古屋衛戍病院（愛知）

博物館明治村

新潟県

旧新潟税関庁舎

開港当時の姿を伝える港のシンボル

建物のここに注目！

1 屋根の上にある二重の塔屋

中央の塔屋は上品で程よい存在感。老朽化が目立っていたが1970（昭和45）年からの2年間にわたる解体修理で当時の姿に修復された。

2 異国情緒あふれるベンガラ色の鎧戸

窓に設けられた鮮やかなベンガラ色鎧戸は、海外でよく見かける両開き式。一方で内側にある窓は日本で人気の高い引き違い式になっている。

3 幾何学模様が美しいなまこ壁

黒い平瓦を壁に貼り付け目地を漆喰で盛り上げたなまこ壁は、日本伝統の様式。色彩のコントラストが美しいことに加え、雨風に強く耐火性も高い。

日本海側最大の港町の異国文化の象徴

国指定重要文化財の旧新潟税関庁舎は、1869（明治2）年に運上所（今でいう税関）として建てられた。現存する旧税関庁舎の中で最古の建物で、新潟開港の象徴。赤瓦葺きの屋根と、黒い平瓦と白い漆喰のなまこ壁が織りなすコントラストが印象的だ。

DATA

旧新潟税関庁舎（きゅうにいがたぜいかんちょうしゃ）

（新潟市歴史博物館みなとぴあ敷地内）　重文

住 新潟市中央区柳島町2-10 電 025-225-6111 開 9:30～18:00（4～9月）、9:30～17:00（10～3月）※展示室はチケットの販売が閉館30分前までとなりますが、旧庁舎は無料空間ですので、閉館まで入場できます。休 月曜日（祝休日の場合は翌日）、休日の翌日（休日が土・日曜日にあたる場合は火曜日）、年末年始（12月28日～1月3日）、その他メンテナンス期間 ¥ 無料 交 JR「新潟駅」から新潟交通バス、「湊町通二ノ町」バス停から徒歩8分 駐 あり

写真提供：新潟市歴史博物館

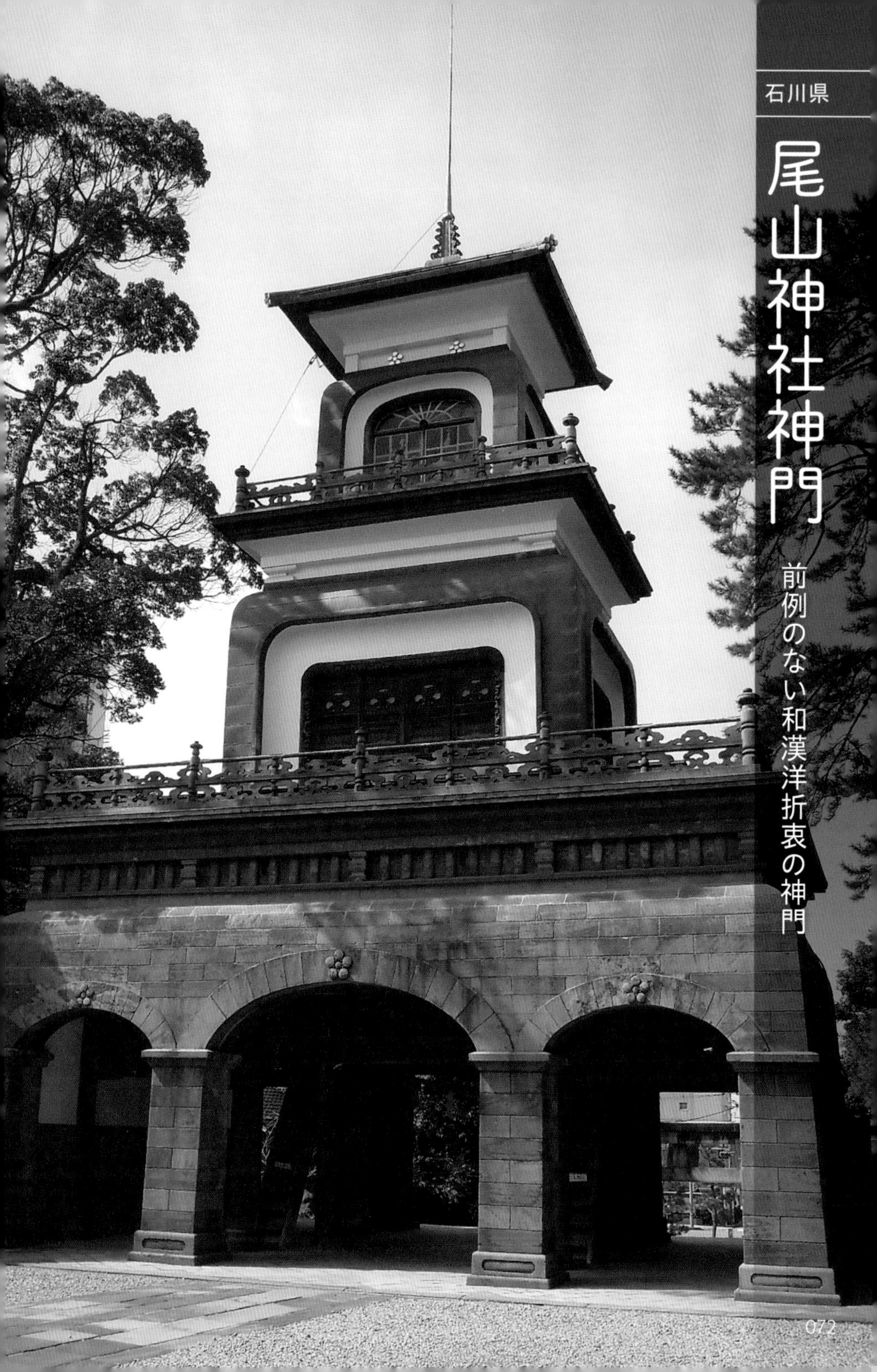

石川県

尾山神社神門

前例のない和漢洋折衷の神門

建物のここに注目！

1 戸室石でできた一層目のアーチ

一層目に見られる石積みの3連アーチ。日本建築の技法でできた木造の骨組を持つ。外側の石積みには金沢城の石垣にも用いられている戸室石を使用。

2 前田氏の家紋を思わせる装飾

菅原家の子孫と伝えられる前田家は、家紋も菅原道真が愛でた梅にちなみ梅鉢紋を用いた。尾山神社神門には梅鉢紋を思わせる意匠が随所に見られる。

3 色鮮やかなガラスのはめこまれた最上層

4色のガラスがはめ込まれた最上層。かつては御神灯がともされ、近海を通る船を見守る灯台として活躍した。屋根の上にある避雷針は現存日本最古のもの。

金沢市民を見守ってきた前田氏ゆかりの神門

加賀藩祖・前田利家を祀る神社として1873（明治6）年に建てられた尾山神社。その正門である尾山神社神門は、建築当時には前例のない和漢洋折衷でつくられた神門だ。最上層はかつて灯台の役割も果たしていた。重要文化財に指定されており、兼六園と並ぶ金沢市のシンボルとして知られる。

DATA

尾山神社神門（おやまじんじゃしんもん）

重文

住 金沢市尾山町11-1（尾山神社内） 電 076-231-7210 開 9:00～17:00 休 なし ¥ 無料 交 JR「金沢駅」から北鉄バス、「南町・尾山神社」バス停から徒歩3分 駐 あり

福井県

旧福井県警察部庁舎

園舎として今も健在

建物のここに注目！

1 宝形造の塔屋がシンボル

この建物を象徴するのは屋根の上に高くそびえる塔屋。これはかつて警察署だったころに望楼（遠くまで見渡すためのやぐら）として機能していた。

2 目を引く菊水の飾り

玄関ポーチの上に見られる菊水の飾りも、警察署であった当時を思い起こさせるアイテムのひとつ。ペパーミントグリーンの外壁にもマッチしている。

3 上品な縦長の洋風窓

等間隔に並んでいる白い飾り縁と飾り格子のついた縦長の窓が目を引く。上部は半円形になっており、見る者に優美な印象を与えている。

望楼付き園舎として街に溶け込む洋風建築

1899（明治32）年に建てられた旧福井県警察部庁舎は、瓦葺の屋根を持つ木造2階建て。1924（大正13）年に移築改修されたものの外観の意匠に建築時の様子が色濃く残り、登録有形文化財にも指定されている。現在は丈生幼稚園の園舎として活用され、絵本作家のかこさとし氏もこの幼稚園に通園した。

DATA

旧福井県警察部庁舎（きゅうふくいけんけいさつぶちょうしゃ）

（現・丈生幼稚園（じょうせいようちえん））　登録有形文化財

住 越前市京町3-3-5 電 なし 開 柵外より外観のみ見学可能。現在は幼稚園であるため、見学の際はマナーなど、ご配慮をお願いします 交 JR「武生駅」から徒歩で10分 駐 なし

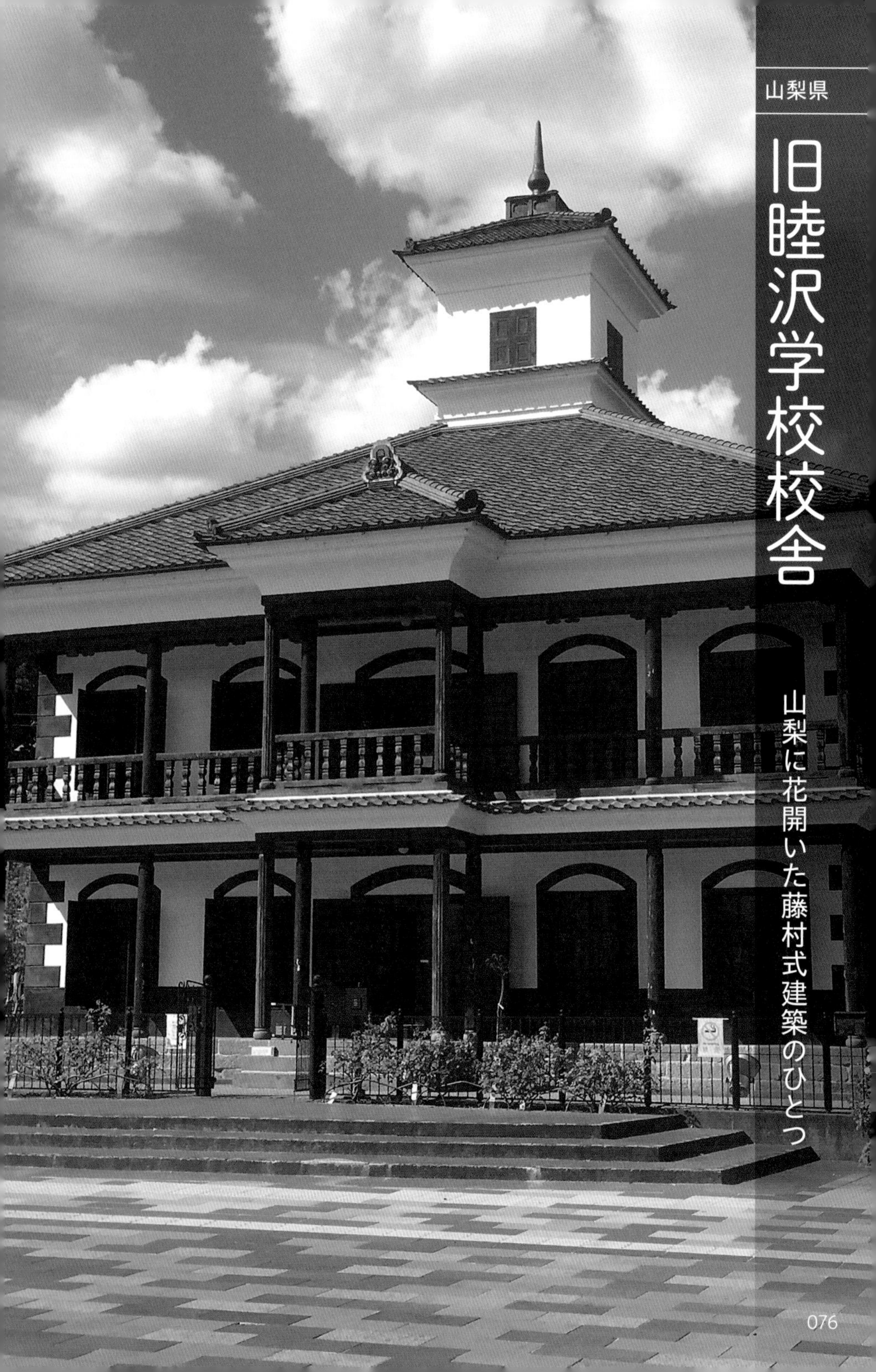

山梨県

旧睦沢学校校舎

山梨に花開いた藤村式建築のひとつ

建物のここに注目！

1 壁の隅には珍しい黒漆喰

漆喰と言えば白が一般的であるが、この建物の角は珍しい黒漆喰となっている。ここだけを見ると、まるで石積みのように見えるのが面白い。

2 太鼓楼と呼ばれる塔屋

軽い波型の瓦を積んだ桟瓦葺の屋根の上には、高くそびえる塔屋。太鼓楼と呼ばれ親しまれている。このような塔屋は擬洋風建築の特徴のひとつだ。

3 2度の移築を経て交流ガイダンス施設に

資料館として活用されてきたが、2010（平成22）年に交流ガイダンス施設として再出発。現在、さまざまなイベントがここで開催されている。

純白の日本壁と漆黒の洋風装飾の対比

1875（明治8）年に建設された旧睦沢学校校舎は、2度の移築を経て現在地へ移動。国指定重要文化財のひとつで、明治期の建築の特徴が随所に見られる。当時の県令・藤村紫朗が奨励した擬洋風建築の一例で、かつて市内にはこのスタイルで建てられた官公舎や学校が多く見られ「藤村式建築」と呼ばれている。

DATA

旧睦沢学校校舎（きゅうむつざわがっこうこうしゃ）
（現・甲府市藤村記念館）　重文

住甲府市北口2-2-1 電055-252-2762 開9:00～17:00 休月曜日、祝日の翌日、年末年始 ¥無料 交JR「甲府駅」から徒歩3分 駐なし　※近隣に有料駐車場あり

長野県

旧中込学校

美しいステンドグラスが映えるギヤマン学校

建物のここに注目！

1 おしゃれな風向計のついた八角塔

「太鼓楼」の八角塔には太鼓が吊るされ、太鼓を鳴らして時を告げていた。屋根上の洋風の風向計は「東西南北」の漢字で方位を示している（写真はP81）。

2 西洋の教会のような奥行きのある設計

側面にも鎧戸のついたガラス窓が並ぶ。和風建築の間取りは正面から見て横長なのが一般的だが、旧中込学校校舎の間取りは正面から見ると縦長だ。

3 石造と見まごう純白の円柱

玄関やバルコニーに見られる円柱は実は木造。木材の上から白いペンキを塗ることで石造のように見せている。その他にも、細かい装飾が見どころだ。

明治の最先端技術と素材の結晶

1875（明治8）年に建てられた旧中込学校は、全国で最も古い擬洋風学校のひとつ。地元・中込出身の市川代治郎がアメリカで学んだ建築知識を活かして設計した。石造風の玄関やバルコニーにはルネッサンス様式の影響が見られるほか、中央には「太鼓楼」と名付けられた八角塔など明治初期の木造洋風建築の様式が随所に取り入れられている。また、1階の半円形の欄間や2階の丸窓にはカラフルなステンドグラスが使用されていることから「ギヤマン学校」とも呼ばれ、開校当時は見学する人々でごった返していたと伝えられている。

時の流れが止まったかのような レトロな雰囲気

1 当時をしのぶ展示施設として活用

現在、展示施設として活用されている旧中込学校校舎。講堂と4つの教場、校長室、教員控所などの部屋を使い、当時の机や教科書などを豊富に展示している。市内外から多くの見学者が訪れる佐久市の名所のひとつだ。

2 レトロな教具に魅せられる第一教場

1階の第一教場では教具をそのまま展示している。使い込まれた2人掛け用の机の上にはノート代わりの石盤やそろばんなどの資料が並んでおり、見学者はまるで当時にタイムスリップしたかのような感覚を味わうことができる。

3 「ギヤマン学校」の由来となった丸窓

ステンドグラスの美しい2階廊下の丸窓。当時ガラス(ギヤマン)は貴重なもので、なかでも色付きのステンドグラスは大変珍しかった。そのため多くの人がこれを見に駆け付けたという。色鮮やかな装飾は1階廊下の奥にも。

4 オルガンの並ぶ講堂

第一教場の隣にある講堂には、足踏みオルガンが並んでいる。どれも当時の様子を伝える貴重なものだ。このオルガンは弾いてみることも可能。訪れた際には明治時代のオルガンの音色をぜひ体験してみよう。

地元出身の市川代治郎が4年間のアメリカ留学から帰国したとき、ちょうど学校建築話が持ち上がっていた。学んできた西洋建築の知識を活かしてほしいという思いから、地元の人は市川に設計・建築を依頼。市川は仲間の大工と協力して工事にとりかかり、わずか8ヶ月でこの校舎を完成させた。村人からの寄付で賄われた建築費用は当時のお金で約6098円。現代に置き換えて考えると大変な高額であり、村人の教育にかける思いがうかがえる。のちに新校舎が建築されてからは、中込町役場、中込町公民館、中込支館、佐久市役所分室、佐久市開発公社と再利用され、地元の人から長く愛されてきた。

《 旧中込学校校舎ヒストリー 》

太鼓楼の窓の外にはまだ見ぬ世界がぐるりと広がっていた

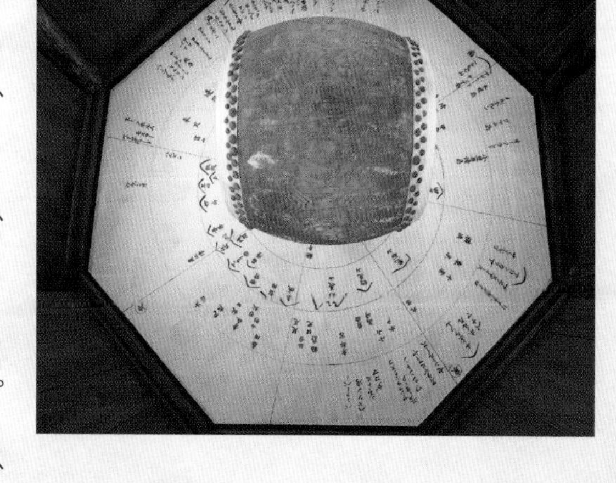

屋根の中央にそびえる八角塔には天井から太鼓が吊るされているため、「太鼓楼」と呼ばれていた。この太鼓は学校の授業開始の合図のほか、定期的に打ち鳴らされていたことから集落に刻を知らせる「時計」としての役割も担っていたという。

その太鼓楼の天井には旧中込学校を中心に、東西南北の方角にある日本のさまざまな都市や山の名前が示されている。内側には佐久地域の地名、その外側には長野県内の山々、さらにその外側には長野県外の都市の名前、そして最も外側にはロンドンやパリ、ローマなど遠く離れた外国の地名のほかエベレストといった山の名が記されている。

当時の子どもたちはこの天井を見上げ、窓の外に広がるはるかな世界をどのような思いで眺めたのだろうか。

ちなみにこの太鼓楼は、普段は非公開となっているが、明治6(1873)年9月27日の開校記念日にちなんで毎年9月下旬または10月上旬に行なわれる無料公開イベントでは、見学することができる。具体的な日時などの詳細は佐久市のホームページや公式X(旧：Twitter)などにて確認してから足を運ぼう。

DATA

旧中込学校（きゅうなかごみがっこう）

重文

住 長野県佐久市中込1877番地
電 0267-62-7845

開 9:00〜17:00(11〜3月は16:00まで)
休 月曜日(祝休日の場合は翌日)、第2火曜日(12〜2月までは毎週火曜日)、年末年始(12月29日〜1月3日)
¥ 個人260円
交 JR「滑津駅」から徒歩5分
駐 あり

長野県

旧開智学校

近代学校建築として初めて国宝となった校舎

建物のここに注目！

中部

旧開智学校

1 天使をあしらった正面看板

玄関上部にある「開智学校」の看板を掲げるのは二人の天使。西洋的なエッセンスを取り入れつつ、下には瑞雲や龍の彫り物が見られるのが面白い。

2 石積みのように見える部分も漆喰塗り

建物の隅に灰色の石が積んであるように見える部分がある。ここには漆喰に灰墨を混ぜた鼠漆喰を使用。日本の伝統技法をうまく使って洋風に見せている。

3 珍しい唐戸状のパネルシャッター

縦長の窓には、鮮やかに彩色された両開きのパネルシャッターを設けている。シャッターは外開きなのに対して、中の窓は内開きになっている。

天使と龍が頭上に舞う大胆不敵なデザインの妙

地元の大工棟梁・立石清重が設計した旧開智学校校舎は1876（明治9）年竣工、擬洋風建築の特徴を多く持つ学校建築の代表的存在。建物下部や四隅の石積みは、実は漆喰を塗り重ねあたかも石材のように仕上げたもの。ほかにも木柱にペンキでレンガ模様を描きレンガの柱に見せている箇所もある。これらの技法は「石目塗」「煉瓦塗」と呼ばれ、日本の塗りの技術を洋風建築に応用したもの。他の擬洋風建築とは一線を画す独自のセンスが光り、なかでも建物正面の天使と龍の配置はここでしか見られないデザインとして高く評価されている。

現代の学校では考えられないような豪華な意匠に目を奪われる

1 ペンキで木目を再現した驚きの桟唐戸

校舎内に8枚ある「桟唐戸」とは、框の中に桟を組んでその間に薄板や連子をはめたもの。廃仏毀釈になった浄林寺の扉を再利用した。ペンキで一度塗りつぶした上に木目を描いた「木目塗り」に圧倒される。

2 シックな廻り階段

漆喰の白壁とダークブラウンの階段のコントラストが美しい廻り階段。ただし幅が狭くて角度が急なため、昭和の頃には立ち入り禁止となってしまった。中心にあるケヤキの丸柱も廃仏毀釈になった全久院で使われていたもの。

3 八角形の塔屋には鮮やかな色ガラス

講堂近くの扉を開けると、現在立ち入り禁止の塔屋に続く階段がある。大変貴重な舶来物の色ガラスがはめられた八角形の塔屋は旧開智学校校舎のシンボル。天井からは鐘が吊るされており、かつては授業の開始を伝えていた。

4 細かい装飾が美しいレトロな照明

花と唐草彫刻の飾りを持つ一階廊下の照明。和紙の使われた紙貼天井に照明の光が映りノスタルジックな雰囲気をかきたてている。校舎内では玄関や講堂、その周りの廊下など来賓の目に触れやすい場所に洋風デザインが多用された。

設計した大工棟梁・立石清重は代々続く大工の家に生まれ、かねてから松本藩の仕事から庶民の町家まで幅広い仕事を請け負っていた。旧開智学校校舎の設計にあたっては開成学校（東大の前身）をはじめ、東京や横浜などの多くの洋風建築を参考にしている。建築費は大変高額で、1万1000円（現在でいうと2億円余り）。その7割が地域住民からの寄付というのだから驚きだ。日本の文明開花を象徴する代表的な擬洋風建築として1961（昭和36）年に重要文化財に指定され、3年後に現在地に移築。その際に建てられた当時の状態に近づけようと、かつて外されてしまった正面玄関の龍や天使も復元された。

《 旧開智学校校舎ヒストリー 》

大工棟梁・立石清重の仕事が光る、明治期における学校建築の最高峰

明治初期の小学校はほとんどが寺社や空き家の転用だった。細かな規格が定められていなかったため、新築された校舎も教室が狭く廊下がないなど不便なものが多く存在していた。旧開智学校校舎は、そんな明治初期に建てられた学校の中でも非常に機能的な特徴を持つ。中廊下を採用し、32の教室を広めの3間×4間というサイズに統一し、教室はなるべく南側に配置するなど、計画的に不備を解消しようとする姿勢が校舎の造りから垣間見える。機能と美の共存する校舎の造りからは、地元の人々の教育への期待の高さがうかがえるだろう。

教育環境の理解が進んでいなかった当時から、旧開智学校校舎は高い完成度を持つ校舎として評価されてきた。度重なる水害や社会や教育状況の変化を乗り越え、小学校の校舎として90年近くも使われ続けてきたことが、その証明ともいえる。

当時の教室の風景がそのままに残されている。

DATA

旧開智学校（きゅうかいちがっこう）

国宝

住 松本市開智2-4-12
電 0263-32-5725

開 9:00～17:00（入館は16:30まで）
休 3～11月までの第3月曜日（祝休日の場合は翌日）、12～2月までの月曜日（祝休日の場合は翌日）、年末年始（12月29日～1月3日）
※2023年10月現在、耐震工事のため休館中
¥ 個人400円 交 JR「松本駅」から徒歩25分、バス・タウンスニーカー北コース「旧開智学校」バス停から徒歩1分 駐 あり

静岡県

旧岩科学校

伊豆地区最古の擬洋風学校建築

DATA

旧岩科学校（きゅういわしながっこう）

重文

住賀茂郡松崎町岩科北側442電0558-42-2675開9:00～17:00休なし¥大人300円交伊豆急「蓮台寺駅」から松崎・堂ヶ島行バス「松崎バスターミナル」バス停で八木山行バスに乗換、「重文岩科学校」バス停から徒歩1分駐あり

建物のここに注目！

1 三条実美の書と竜の彫り物

正面に掲げられる「岩科学校」の扁額は時の太政大臣・三条実美の筆によるものだ。その上の龍の彫り物は左官の名工として知られる入江長八の手による。

2 玄関ポーチの鏝絵（舜帝図）

中国の孝行譚、二十四孝の一挿話を題材とした作品で、学舎にふさわしい作品として描かれた鏝絵である。作者、佐藤甚三は、入江長八の高弟で岩科山口の出身である。

3 壁面から飛び出さんばかりの『千羽鶴』

作法や裁縫の授業にも利用されていた2階、西の間。小壁には入江長八の最高傑作『千羽鶴』が見られる。日の出を目指し飛翔する鶴の姿が非常に優美だ。

松崎の伝統技法「なまこ壁」を採用

日本の伝統的な建築様式に洋風のエッセンスを取り入れて建てられた旧岩科学校校舎。1880（明治13）年に完成した伊豆地区では現存する最古の学校建築だ。木造2階建て、シンメトリーな寄棟造りの建物は岩科村の大工棟梁・菊池丑太郎と高木久五郎の設計。着工当時、松崎では教育への熱意が高く、校舎建築の総工費2630円66銭のうち4割以上が寄付によってまかなわれた。江戸時代末から明治時代にかけて活躍した左官の名工、入江長八（1815～1889年）の手による装飾が随所に見られ、見どころの一つとなっている。

愛知県

歩兵第六聯隊兵舎

名古屋鎮台に建てられた兵舎建築

建物のここに注目！

兵舎建設当時、桁行50mを超える建物だったが、移築時に3分の2に縮められた。

漆喰壁に上げ下げ窓が並ぶシンプルな見た目が兵舎らしい。

1 整然とした兵舎内

再現された内務班の部屋。廊下に面した側に壁はなく、室内が見通せる。出入口の左右に小銃(三八式歩兵銃)を並べて置く素通しの横長の銃架がしつらえてある。

2 内務班の生活を垣間見る

内務班の部屋には木製のベッドを展示し、当時の様子を再現している。幅の狭さに驚かされるが、兵舎内で使用されるすべての家具類は耐久性を重視されて作られた。

3 長い板張りの中廊下

当初は桁行50mを超える建物だったが、移築時に3分の2に縮められた。この長い中廊下をはさんで内務班室のほか、中隊長室、下士官室なども当時の姿に復原された。

シンプルで堅牢だがさりげない洋風の装飾

1869(明治2)年に兵部省が置かれ、歩兵第六聯隊は1873(明治6)年に名古屋に編成された。その兵舎はもともと名古屋城大手門の二之丸跡に建てられていたが、明治村に移築された。

建物の構造は通し柱や斜め打ちの木摺など耐震・防火・防寒に優れている。

DATA

歩兵第六聯隊兵舎(ほへいだいろくれんたいへいしゃ)

登録有形文化財

博物館明治村内

※施設の詳細についてはP92をご覧ください

中部

歩兵第六聯隊兵舎

三重県庁舎

明治初期の典型的な木造官庁舎

2階正面には応接所が設けられ、華麗かつ重厚な雰囲気漂う家具が置かれている。扉や窓、開口の額縁はペンキを塗って高価な木材種の木目を描く「木目塗り」技法で塗装されている。

庁舎の2階中央部には、旧上局、会議所、知事室がある。格天井と呼ばれる天井のデザインがその格式の高さを示している。机や決裁棚、ロッカーは実際に三重県庁知事室にあったものを置いている。

明治天皇も訪れた 現存する国内最古の県庁舎

三重県庁舎は1879(明治12)年完成、木造2階建て桟瓦葺で間口54mにも及ぶ。1964(昭和39)年まで使用されていた。

玄関を中心に左右対称の配置、正面には2層のベランダがめぐる構造で明治初期の内務省庁舎をベースにしている。

DATA

三重県庁舎（みえけんちょうしゃ）

重文

博物館明治村内

※施設の詳細についてはP92をご覧ください

名古屋衛戍病院

広々として明るい洋式大病院建築

写真では見えづらいが、管理棟の正面には、桟瓦葺きで緩い勾配のむくり破風の玄関が突き出され、玄関の柱は胴部に膨らみをもたせた円柱が使われている。

病棟の周囲には吹き放ちのベランダが巡る。全体的にシンプルな意匠でまとめられ、手すりは少しの面取りを施すのみで装飾は見られない。

もとは複数の建物を渡り廊下で結んでいた

1878(明治11)年、名古屋城内に配置された陸軍・名古屋鎮台の附属病院として整備された病院。「衛戍(えいじゅ)」とは陸軍の駐屯地を指す。明治村には、管理棟(旧本館)の半分と病棟1棟、それらを結ぶ渡り廊下が移築された。開放的な木造平屋建て、周囲の吹き放ちのベランダが特徴的だ。

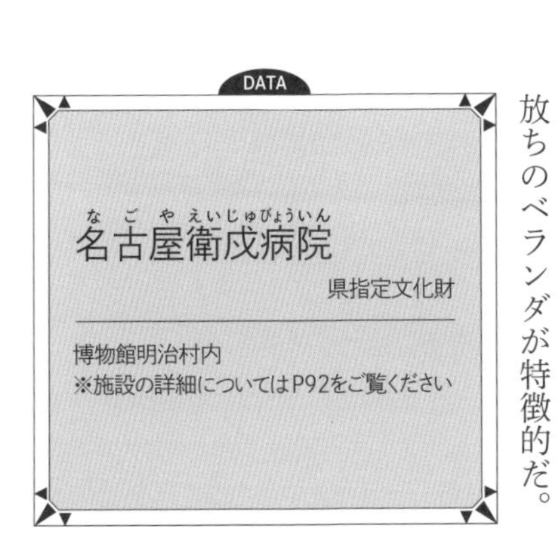

DATA

名古屋衛戍病院(なごやえいじゅびょういん)

県指定文化財

博物館明治村内

※施設の詳細についてはP92をご覧ください

本物の明治建築を堪能できる野外博物館

博物館 明治村

本書で紹介した、歩兵第六聯隊兵舎、三重県庁舎、名古屋衛戍病院を見られる、愛知県犬山市の博物館明治村。昭和40年、明治建築を保存展示する野外博物館として誕生した。明治時代を中心とした60を超える、芸術的・歴史的価値の高い数多くの建造物が、移築・復原されている。擬洋風建築に限らず、明治時代の建築や文化に興味のある人はぜひ一度訪れたいスポットだ。建造物は、文化財としての価値が最もよく発揮されるように配置され、さらにそれぞれの室内に合わせた家具調度等を展示し、当時の雰囲気を出している。自然豊かで、レストランやカフェ、おみやげ処などもあり、レジャースポットとしても人気だ。

〒484-0000　愛知県犬山市内山1番地

営業時間　9:30〜17:00(季節により変動あり。詳しくは公式サイトで)
休 村 日　詳しくは公式サイトで
料　　金　大人2000円、大学生・シニア(65歳以上)1600円、高校生1200円、中学生700円、小学生700円(2023年10月現在)
アクセス　名鉄「犬山駅」東口より岐阜バス明治村線、「明治村」バス停すぐ。駐車場あり
公式サイト　https://www.meijimura.com

帝国ホテル中央玄関

聖ザビエル天主堂

高田小熊写真館

東京駅警備巡査派出所

近畿エリア

- 旧八幡東学校（滋賀）
- 龍谷大学本館　北黌・南黌（京都）
- 旧九鬼家住宅（兵庫）
- 旧辰馬喜十郎住宅（兵庫）
- 宝山寺獅子閣（奈良）
- 郭家住宅洋館（和歌山）

滋賀県

旧八幡東学校

近江商人の熱意が伝わる学校建築

建物のここに注目！

屋根瓦は現在の近江八幡市の旧市街地を中心に作られていた「八幡瓦」。

1 かつての校舎は……

写真は、完成当時の姿。その後、八幡町役場や蒲生郡役所、電報電話局、食料事務所八幡出張所など主に公共施設として活用されてきた。現在は観光案内所や市民ギャラリーとなっている。

2 踊り場のステンドグラス

階段を上がると踊り場にはステンドグラスの窓がしつらえられている。大きな窓から差し込む太陽光が建物内と階段を明るく照らしている。

3 徳門の扁額

1876（明治9）年、旧八幡東学校の起工式の際、子琴銭憚という人が書し、それを扁額にして掲げていた。「徳門」とは徳を修める門、すなわち学校のことを意味しているものと考えられる。

新時代に沸き立つ白い雲のような館

1877（明治10）年に八幡東学校として建てられた擬洋風の学校建築。現在の名称は白雲館。建設費用は当時の金額で6000円、その大半が寄付で賄われた。桟瓦葺の寄棟屋根に六角形の塔屋が付いた木造2階建て。外壁は白い漆喰で、縦長の窓、玄関ポーチ、隅石積など、洋風建築の特徴が多く見られる。

DATA

旧八幡東学校（きゅうはちまんひがしがっこう）

（現・白雲館（はくうんかん））　登録有形文化財

住 近江八幡市為心町元9番地1 電 0748-32-7003 開 9:00～17:00 休 年末年始（12月29日～1月3日） ¥ 無料 交 JR「近江八幡駅」からバス、「八幡堀（大杉町）八幡山ロープウェー口」バス停で下車 駐 なし

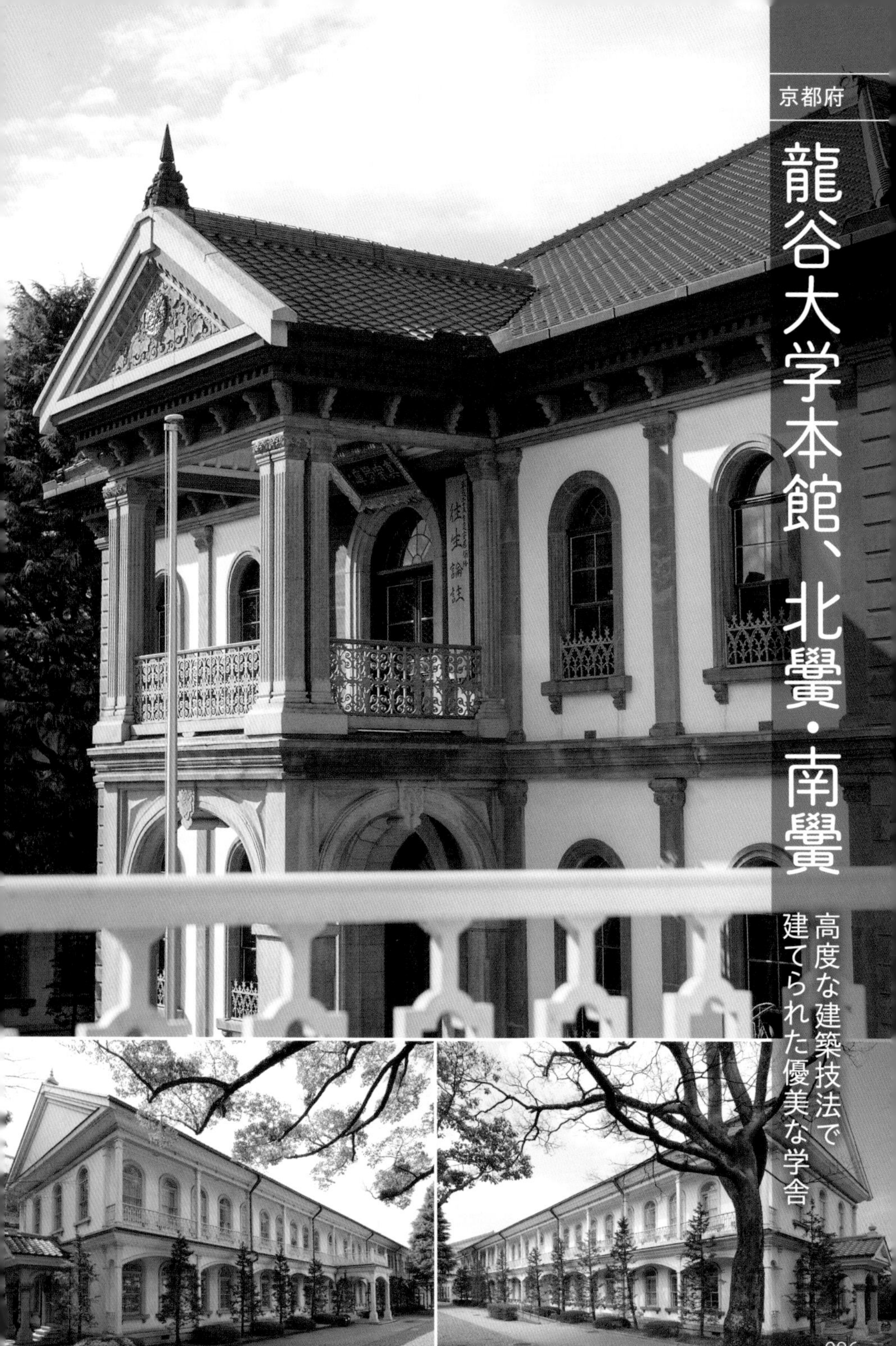

京都府

龍谷大学本館、北黌・南黌

高度な建築技法で建てられた優美な学舎

建物のここに注目！

北黌
南黌

本館

1 イギリス製の鋳鉄の扉

和・洋・中の要素が美しく調和したデザインの正門は、イギリスのアームストロング社製。現在、使用中の扉はレプリカだが、本物は同キャンパス内の東黌に展示されている。

2 手の込んだ彫刻

講堂の柱頭には西洋建築の特徴であるアカンサスを模したデザインの彫刻が施されるほか、階段の親柱なども優れた洋風の彫刻で装飾されている。

3 優雅な白亜の壁、実は

本来は寮として建築された北黌・南黌。本館との調和を図るために、ベランダに連なるアーチは木材を弓形に組み、石炭モルタルを塗って石造のように見せている。

洋風の意匠を取り入れた関西の先駆的な建物

龍谷大学本館は本願寺大教校として使われた学舎で1879(明治12)年に完成。この建物は木骨石貼寄棟造の桟瓦葺、2階建て。柱、アーチ、手摺など各部に洋風デザインが見られるが、特に鉄製の門扉や窓、手摺はロンドンから取り寄せている。本館の南北には、同じ年に完成した学寮・北黌と南黌が対称的に並ぶ。

DATA

龍谷大学本館、北黌・南黌（りゅうこくだいがくほんかん、ほっこう・なんこう） 重文

住 京都市下京区七条通大宮東入大工町125-1 電 075-343-3311 開 9:00〜17:00(外観のみ) 休 大学休校日に準ずる ¥ 無料 交 JR「京都駅」から徒歩10分 駐 なし

旧九鬼家住宅

当主自ら設計した擬洋風建築

2階の間取りの半分は洋間だが、畳敷きの床、壁や天井には壁紙の代わりに襖紙が張られるなど、独特な和洋折衷の内装となっている。

建物正面から向かって左手に巡るベランダ。円柱や手すり、両開きの鎧戸などの装飾から、コロニアルスタイルの特徴が見て取れる。

伝統的な商家と融合した洋風エッセンス

三田藩の家老職を代々務めた九鬼家の当主・九鬼隆範によって明治8年前後に建てられた。外観は一見すると商家のようだが、2階にはベランダや円柱、手すりなど洋風の意匠が見られる。また内部も洋間に畳が敷かれ、壁や天井には壁紙の代わりに古い和本や襖紙が張られるなど独特な和洋折衷の内装になっている。

DATA

旧九鬼家住宅（きゅうくきけじゅうたく）
（現・旧九鬼家住宅資料館）
県指定文化財

住三田市屋敷町7番35号 電079-563-5587 開10:00～16:00 休平日 ※季節開館期間は月曜日（祝日の場合は翌日）。季節開館期間は、三田市サイトの開館日カレンダーを確認のこと ¥無料 交JR・神戸電鉄「三田駅」から徒歩10分 駐あり

旧辰馬喜十郎住宅

近代的な芸術・文化の幕開けを告げる建築

建物正面から南側面にベランダが巡る。ベランダの柱列、窓回りの額縁、鎧戸などがこの時期に建てられた洋館の特色を表している。

1階はベランダに面して2つの主室がある。それぞれ大理石の暖炉、壁文様壁紙張、天井は漆喰塗りで装飾されている。

コロニアルスタイルの近代建築

1888年(明治21年)、酒造業を営む辰馬喜十郎が神戸英国領事館を模して建設したといわれる。この洋館は木造2階建ての母屋と木造平屋建ての附属屋から成り、立派な門も備える。煙突付きの屋根、両開きの鎧戸の窓、装飾のある円柱などは兵庫・北野町異人館群と同様のコロニアルスタイル建築の特徴をもつ。

DATA

旧辰馬喜十郎住宅（きゅうたつうまきじゅうろうじゅうたく）

県指定文化財

住 西宮市浜町8-5 電 なし 開 柵外より外観のみ見学可能 交 阪神電鉄「西宮駅」から徒歩15分 駐 なし

奈良県

宝山寺獅子閣

繊細かつ大胆な仕事ぶりが光る洋風客殿

建物のここに注目！

1 植物をあしらった細やかな彫刻

柱頭と脚部に装飾が施された木造の柱。このような装飾は西洋では石や煉瓦で表現されることが多い。寺院風の建築様式に洋風のエッセンスが融合している。

2 優美なアーチを描く1階の窓

木製の鎧戸の奥には、上部に半円型のガラス欄間を持つ窓がある。一階はアーチ型の窓枠に角柱、二階は四角い窓枠に円柱となっているのも面白い。

3 崖の上に張り出したベランダ

正面から見て右手、南側にあるベランダは清水寺でおなじみの懸崖造。長い柱と梁が格子状に組み合わさって崖の上にあるベランダを支えている。

繊細で美しい装飾と大胆な建築様式

宝山寺に訪れた客を接待するために造られた総2階建ての擬洋風建築。1884(明治17)年に完成した。1階洋室の西南隅に配置された螺旋階段の手すりには細かい手彫りの装飾が施されている。奥にあるアーチ型の扉には赤・青・緑の鮮やかな色ガラスがはめ込まれ、訪れたものの目を惹きつけてやまない。懸崖造を備えた建物構造も見どころのひとつだ。さらに2階には格天井を持つ重厚感のある和室もある。宮大工による手の込んだ装飾と大胆な建築様式が融合した貴重な建物であり、1961(昭和36)年に重要文化財にも指定されている。

時代を超えて感じる、明治期の宮大工の職人技と心意気

1 洋室の隅には浮いて見える階段

1階洋室に入ると奥に宙に浮いているかのような螺旋階段が目に入り、驚く人も多い。中心の柱に各段の踏板や蹴込板を組み込んだ設計で、最上段と最下段以外が浮いて見えるのだ。優雅な弧を描く手すりの手彫りの装飾も見どころ。

2 扉にはめ込まれたステンドグラス

壁面は漆喰の磨き仕上げ、天井は布張りとなっている1階洋室。同じ部屋には赤・緑・青の色ガラスがはめこまれた扉や欄間があり、こちらにも注目したい。色ガラスを通して外を眺めると、それぞれの窓が四季の景色を演出する。

3 格式高い格天井を備えた和室

2階の和室は10畳を2室つなげて利用できるようになっている。見上げると寺院建築や書院造でよく用いられる格式の高い格天井。太い角材を格子状に組み、その上に板を張ってつくられたものだ。宮大工の丁寧な仕事ぶりが光る。

4 輝く床の間に目を奪われる

和室の奥には金箔貼りの豪華な床の間、違棚、押入が設けられており、掛け軸などを飾って客をもてなせるようになっている。その他、江戸時代後期の画家、土佐光孚（みつざね）の手による襖絵にも注目したい。

商売の神様を祀る宝山寺は「日本三大聖天」のひとつだ。奈良県生駒山の中腹にある山岳寺院で、信仰厚い地元の人々からは「生駒の聖天さん」と呼ばれ親しまれている。本堂、聖天堂などの諸堂は、修験道の開祖といわれる役行者や真言宗の開祖である空海が修行したと言われる般若窟に抱かれるように建つ。来客をもてなすために建てられた獅子閣は山門をくぐってすぐの右手に位置し、周囲の仏堂伽藍に溶け込みながらも西洋風の外観で訪れたものを驚かせている。毎年春と秋に内部が特別公開され、このときには通常は見ることのできない貴重な意匠を目にすることができる。

《 宝山寺獅子閣ヒストリー 》

越後出身の大工・吉村松太郎が
学んだ知識と技術を駆使して成し遂げた一大プロジェクト

宝山寺獅子閣の建設を思い立ったのは、宝山寺の第14世乗空。洋風客殿の建設計画を本格的に進めるため、乗空は越後出身の大工・吉村松太郎に白羽の矢を立てた。松太郎は1875(明治8)年に行われた宝山寺の聖天堂再建の際に働いていた大工。乗空はこの時に松太郎の腕前を見込み、洋風建築の技術を学ばせるべく横浜へ留学させたのだ。3年間の研修期間を終えて宝山寺に戻った松太郎は、まずは本堂前の天神社建設で留学の成果を試される。そして、それが認められるといよいよ獅子閣建設の開始だ。

松太郎は横浜で得た洋風建築の知識と宮大工の匠の技をいかんなく発揮し、宝山寺出入りの大工や近隣の大工とも協力して獅子閣を見事に完成させた。落慶後、松太郎は越後から家族を呼び寄せ、ここで一生を終えたと伝えられている。

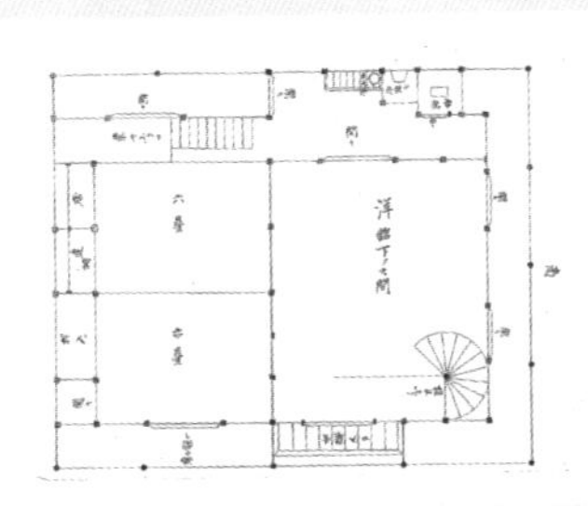

近代建築の資料としても価値の高い獅子閣の設計原図。

DATA

宝山寺獅子閣（ほうざんじししかく）

重文

住 生駒市門前町1-1

電 0743-73-2006

開 8:00〜16:30(4月1日〜9月末)、8:00〜16:00(10月1日〜3月末)

休 内部を見学できる特別公開日及び時間は宝山寺サイトで確認を

¥ 個人500円(特別公開日)

交 近鉄奈良線「生駒駅」下車、ケーブル線「鳥居前駅」乗車、「宝山寺駅」から徒歩10分

駐 あり

郭家住宅洋館

神戸の職人が建てたと伝わる「異人館」

正面に張り出した2階のベランダは、金属板張りの床、黄大津風の土塗り壁で構成。ドアのペンキ塗りの下層に黄色ペンキが使われていることから、建築当初は黄色系の建具だった可能性も。

洋館の1階には中央に両開きの唐戸と腰付ガラス戸の玄関が配置されている。このホール様の一室は、医院の待合室と薬局を兼ねたスペースとして使用されていた。

ベランダ・コロニアル様式の町の医院建築

江戸時代初期に清国から長崎にわたり、紀州藩の御殿医を代々務めてきた郭家の七代目・郭百輔によって1877(明治10)年、建てられた。医院を兼ねた洋館は大きなベランダを正面に設置したベランダ・コロニアル様式の外観から「異人館」と呼ばれていた。洋館と診察室は明治初期の町の医院建築として大変貴重。

DATA

郭家住宅洋館（かくけじゅうたくようかん）

登録有形文化財

住和歌山市今福1丁目6-6 電090-1983-1366 開10:00～15:00(毎月第2日曜日) 休毎月第2日曜日以外 ¥無料 交南海電鉄「和歌山市駅」またはJR「和歌山駅」から和歌山バス乗車、「小松原5丁目」下車 駐なし

中国・四国エリア

興雲閣（島根）
旧遷喬尋常小学校（岡山）
開明学校（愛媛）
四階楼（山口）
旧ワサ・ダウン住宅（香川）
野良時計（高知）
佐川文庫庫舎（高知）

島根県

興雲閣

擬洋風建築の最晩年に誕生した傑作

建物のここに注目！

1 上品な淡緑色の外壁

外観はとても上品な色合いの淡緑色のペンキを塗った下見板が張られている。大規模改修によって、1912（明治45）年当時の色彩を再現したものだ。

2 白い柱の並びが美しい

1、2階に華麗な列柱廊（古代建築によく見られる等間隔の柱の並び）を設け、2階にはベランダ。擬洋風建築時代の終盤を飾る、典型的な洋風デザインだ。

3 屋根と瓦は和の趣

列柱廊やベランダは洋風だが、屋根に関しては趣が異なる。じつは純和風の入母屋桟瓦葺なのだ。和と洋が溶け合う擬洋風建築ならではの設計といえる。

明治天皇の滞在を願って建築

２０１５（平成27）年、城郭建築としては63年振りに国宝に指定された松江城。擬洋風建築の興雲閣は、その松江城の12天守の一つを仰ぎ見る二の丸上段にたたずんでいる。

この興雲閣は松江市が松江市工芸品陳列所として建築した建物である。１９０２（明治35）年12月に着工し、翌年9月に完成した。じつは当初、明治天皇の初めての山陰巡幸を願い、そのときに滞在する行在所として造られたものだ。しかし、日露戦争の勃発などによって状況が変わり、天皇の山陰巡行は実際には実現することはなかった。

天皇の行幸への熱意が形になった 気品ある豪華な内装が魅力的

1 開放感あふれる大広間

ゆったりした空間が拡がる2階大広間。洋風のデザインだが、貴顕室とは異なり天井に木の質感を活かしている。この大広間に置かれた小さなピアノにも注目。1901年のチェコ製で、松江市内に放置されていたものを修復したものだ。

2 高貴な雰囲気に圧倒される貴顕室

じつに豪華で気品にあふれているのが、明治天皇の宿泊を想定して造られた貴顕室。天皇の立ち寄りは叶わなかったが、のちに皇太子嘉仁親王の宿泊が実現した。立ち入りはできないが、部屋の外から眺めることは可能だ。

3 床には重厚なレッドカーペット

廊下や階段には、重厚で美しいレッドカーペットが敷かれている。かつての高貴な身分の人たちの歩く姿が目に浮かぶようだ。内装も素晴らしく、柱頭や幕板などには見事な装飾が施され、優美な雰囲気が漂っている。

天皇を迎えるため内装は実に豪華

興雲閣は擬洋風建築が流行した文明開化の時代の最晩年に建てられた。県内の建物では、1879(明治12)年の建築である二代目島根県庁に外観がよく似ていたという。木造2階建てで、長方形の母屋のやや北側に洋風の玄関ポーチが設けられている。行在所にしたいという当初の目的から、華麗な装飾や彫刻をそこかしこに施しているのが大きな特徴だ。

1907(明治40)年、のちに大正天皇となる皇太子嘉仁親王が山陰道を行啓。同年5月22日から25日まで滞在し、迎賓館として利用された。

興雲閣ヒストリー

2015年、大規模改修によってかつての姿を取り戻す

松江市工芸品陳列所として誕生した擬洋風建築物は、1910（明治43）年に旧松江藩主家の当主、松平直亮により「興雲閣」と命名。来賓をもてなす松江市の公的な場として、また展覧会や会合などの会場として利用された。その後、時代とともに役割を変えながら、県内随一の秀麗な建物としての歴史を刻んでいく。太平洋戦争中の1940（昭和15）年から終戦前年までの4年間は海軍人事部分室、戦後の7年間は島根県庁仮分室、次いで10年間は松江市教育委員会事務局庁舎、1973（昭和48）年からは松江郷土館として歩んだ。

誕生から100年以上たった2013（平成25）年、老朽化が進んだことから、全面的な改修工事を実施。正面の階段を奥に移動するといった改修が行われた1912（明治45）年当時の姿の復原を目指し、2年間の保存修理工事を経て、興雲閣は往時の姿に蘇った。

秋のイベント「松江水燈路」開催時、興雲閣もライトアップされる。

皇太子嘉仁親王（後の大正天皇）御在所前の光景（今岡ガクブチ店蔵）。

DATA

興雲閣（こううんかく）

県指定有形文化財

住 松江市殿町1番地59
松江城山公園内
電 0852-61-2100

開 8:30〜18:30（4月〜9月、入館は18:15まで）、8:30〜17:00（10月〜3月、入館は16:45まで）
休 なし ¥ 無料
交 JR山陰本線「松江駅」からレイクラインバス乗車、バス停「松江城大手前」下車、城山公園内 駐 あり

岡山県

旧遷喬尋常小学校

まるで迎賓館を思わせる豪奢・繊細な設え

建物のここに注目！

1 ドーマー窓の校章

ドーマー窓とは、勾配のある屋根面から垂直に突き出した形の屋根窓のこと。高瀬舟をかたどった校章が入るドーマー窓は明治の頃から学校のシンボル。

2 教室は近年まで使用

1990（平成2）年まで小学校校舎、教室として使用されていた。現在は、展示室などに利用されたり、数々のテレビドラマや映画の撮影にも使用されている。

3 圧巻の格天井

二階中央にある講堂の天井は、洋風の二重折り上げの格天井。鏡板はすべて節のない檜柾目板を使用している。繊細、豪奢な内装は訪れる人を圧倒する。

雄大な印象を放つルネッサンス風校舎

〝江川式建築〟と称される数々の独特な木造大型施設を手掛けた江川三郎八が設計。1907（明治40）年7月に完成した。雄大な印象の校舎は左右対称のデザイン。中央にある校章のついたドーマー窓やハーフティンバー風の筋交いなどが目を引く。講堂には二重折り上げの格天井や腰壁、戸板の細工が施されている。

DATA

旧遷喬尋常小学校（きゅうせんきょうじんじょうしょうがっこう）

重文

住 真庭市鍋屋17-1 電 0867-42-7000 開 9:00～18:00 休 水曜日（祝日の場合は翌平日）年末年始（12月29日～1月3日）¥ 無料 交 JR「久世駅」から徒歩約10分 駐 あり

愛媛県

開明学校

四国で最も歴史ある和洋折衷の木造校舎

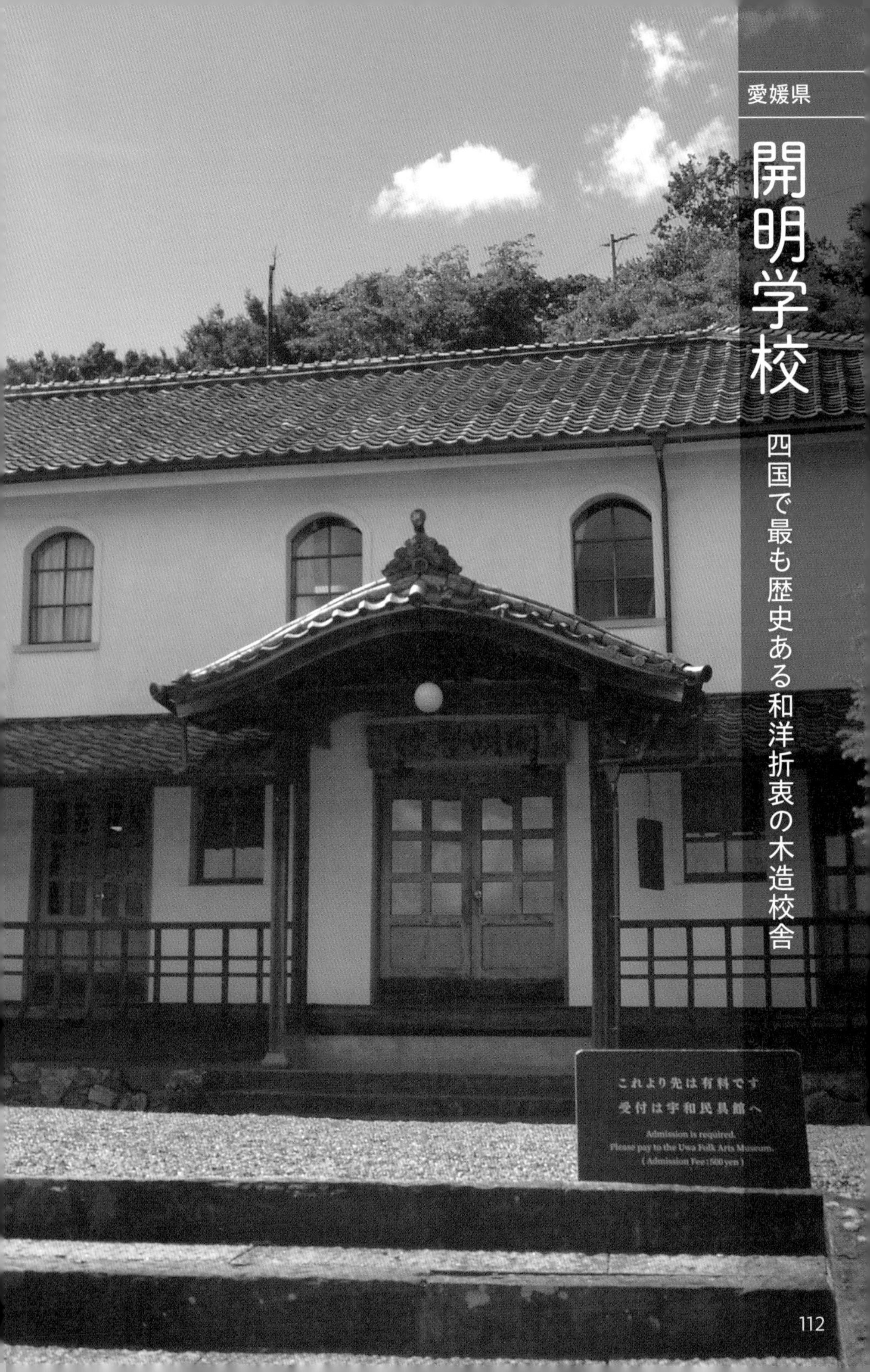

建物のここに注目！

1 瓦屋根の庇のある外廊下

1階には外廊下があるという設計。外廊下の上には瓦を敷いた屋根の庇が覆っている。外に向かって大きく張り出しているので、雨が降っても濡れることはない。

2 昔の教育に触れる

教室の壁には、教科書代わりに使用されていた掛図が。これらも利用しつつ、明治時代の算術や読書き、唱歌などの授業を体験できる「明治の授業体験」が行われている。

3 懐かしい趣の教室

木の机や椅子が置かれており、当時の雰囲気が伝わってくる教室。校舎は現在、明治から昭和までの貴重な教育資料を収蔵・展示する教育資料館として利用されている。

当時の最先端を「ガラス窓」が象徴

現存する四国最古の小学校校舎で、1882(明治15)年、町民の寄付によって建てられた。日本の伝統的な漆喰塗り白壁造りの木造建築がベース。アーチ型の窓に外国製のガラスが使用されるなど、和と洋の要素が絶妙に調和している。当時の流行を取り入れた建築として、完成当初、各地から見学に大勢の人が訪れた。

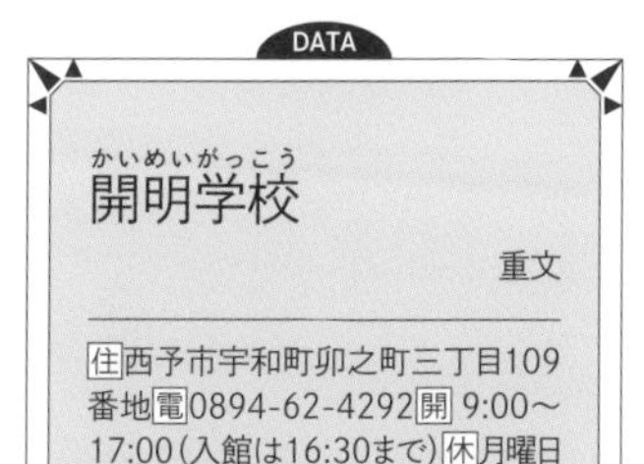

DATA

開明学校（かいめいがっこう）

重文

住 西予市宇和町卯之町三丁目109番地 電 0894-62-4292 開 9:00〜17:00(入館は16:30まで) 休 月曜日(祝日の場合は翌日)、年末年始 ¥ 一般700円 交 JR予讃線「卯之町駅」から徒歩約8分 駐 あり

四階楼

稀な木造4階建ての擬洋風建築

洋風でもあり、和風でもある個性的な建物。外観フォルムは洋風だが、真っ白な外壁は日本の伝統的な技術を駆使した漆喰塗りだ。

4階の四方を巡る窓には、フランス製のステンドグラス。室内には緑や赤、黄色などのカラフルな光が優しく差し込んでくる。

和と洋のテイストがじつに個性的

瀬戸内海に突き出た上関町は、古くからの海上交通の要衝。この地に1879(明治12)年、廻船問屋を営む小方謙九郎によって建築された。山口県内で最も古い洋風建築のひとつで、全国的にも珍しい木造4階建て。3階の壁には唐獅子牡丹、4階の天井には鳳凰の漆喰彫刻があり、和と洋が見事に融合している。

DATA

四階楼(しかいろう)　重文

住 熊毛郡上関町大字室津868-1 電 0820-62-0069(上関町教育委員会生涯学習係) 開 10:00～17:00(入館は16:30まで) 休 月曜日(祝日の場合は翌日)、年末年始(12月29日～1月3日) ¥ 無料 交 JR山陽本線「柳井駅」からバス乗車、バス停「道の駅上関海峡」下車徒歩1分 駐 なし

旧ワサ・ダウン住宅

神戸異人館の特徴を色濃く残す住宅

下見板張り、ベイウインドウ、鎧戸などもこだわりが感じられ、桟瓦葺きを除けばかなり本格的な洋風建築となっている。

もともと神戸市北野町に建てられていたこの洋館は、日本郵船の船員寮としても使用されていたことがあった。現在はカフェとして営業中。

明治後期の雰囲気を伝えるベランダ・コロニアル様式

1905（明治38）年、英国人のウイリアム・ダウン氏が妻である日本人女性・ワサのために建てた洋館。もともとは神戸市北野町にあった。木造2階建て、下見板張り、寄棟屋根のベランダ・コロニアル様式。この様式を特徴づけるベイウインドウや鎧戸を備え、明治後期の異人館のスタイルをよく表している。

DATA

旧ワサ・ダウン住宅（きゅうワサ・ダウンじゅうたく）

（現・四国村カフェ）登録有形文化財

住 高松市屋島中町91（四国村内）電 087-843-3114 開 9:30 ～ 17:30 ※現在、住宅は四国村カフェとして営業中。LOは17:00 休 なし（貸し切り利用やメンテナンスのため臨時休業の場合あり）交 ことでん志度線「琴電屋島駅」から徒歩5分、JR「屋島駅」から徒歩10分 駐 あり

高知県

野良時計

ハイカラな手作り時計台

建物のここに注目！

1 八角形の特徴的な時計

八角形のデザインで、文字盤はローマ数字。明治時代の製作とは思えないオシャレさだ。正面と左右に文字盤があり、さまざまな方角にいる人に時間を教えた。

2 花々に彩られる時計台

夏には野良時計のすぐ前の水路沿いに植栽されたヒマワリが、建物を彩る。高知県東部では屈指の人気フォトスポットとしても知られている。

3 時計を動かす巨大な歯車

源馬が10歳の頃、父に買ってもらった時計が原型。何度も分解して構造を学び、歯車から分銅まで手づくりで作り上げた。ただし内部の公開はしていない。

野良仕事をする人々に時を正確に教え続けて

のどかな田園地帯に建つ、ハイカラな時計台。伝統的な土佐漆喰の白壁と、ローマ数字の文字盤に目を奪われる。時計がまだ珍しかった明治20（1887）年頃、土地の地主だった畠中源馬が、歯車などの部品から手作り。以来、時を刻み続けたが、現在ではその動きを止めている。

DATA

野良時計（のらどけい）　登録有形文化財

住安芸市土居638-4 電0887-34-8344（安芸観光情報センター）開外観のみ見学自由 休なし 交土佐くろしお鉄道ごめん・なはり線「安芸駅」から徒歩20分 駐あり

写真提供：一般社団法人 安芸市観光協会

佐川文庫庫舎

まぶしく光り輝く木造洋館

一見、典型的な洋館のようだが、実は寄棟造りの浅瓦葺きとなっている。伝統的な技術を活かした擬洋風建築だ。

外壁を覆うのはスギの厚板。白いペンキで全面を塗り、洋風仕上げになっている。明治時代の小さな町で異彩を放ったに違いない。

鹿鳴館時代の優美な雰囲気を伝える

1886(明治19)年に建築された高知県最古の木造洋館。NHK朝ドラ『らんまん』のモデル、牧野富太郎の故郷に建つ。まぶしく輝く白亜の洋館で、鹿鳴館時代にタイムスリップしたかのような気分にさせてくれる。須崎警察署・佐川分署として誕生し、何度か移転を繰り返して、現在の場所に落ち着いた。

DATA

佐川文庫庫舎（さがわぶんここしゃ）

町指定文化財

住 高岡郡佐川町甲1473 電 0889-22-1110(佐川町教育委員会) 開 9:30～13:00　13:45～17:00 休 月曜日(祝日の場合は翌日)、年末年始(12月30日～1月3日) ¥ 無料 交 JR土讃線「佐川駅」から徒歩7分 駐 なし

九州エリア

熊本洋学校教師ジェーンズ邸（熊本）
旧日野医院本館（大分）
旧集成館機械工場（鹿児島）

熊本県

熊本洋学校教師ジェーンズ邸

米国人教師の住居として誕生

建物のここに注目！

壁は土塗りで固められている。熊本地震の際には壁が崩れて、内部の土が露出した。

長いベランダがあるなど、洋風の意匠が特徴的。しかし、建物の構造は伝統的な日本建築の工法による。

1 広々としたベランダ

周囲にベランダをめぐらせた「ベランダ・コロニアル」の様式。ベランダの柱の間にはスパンドレル風の飾りが見える。

2 和風の屋根が印象的

屋根は日本の伝統的な「和小屋」の構造で、上には瓦を敷いている。一見、洋風だが、日本の大工の職人技による建物なのだ。

3 気品溢れる室内

天井が高く、おしゃれなシャンデリアや暖炉が目を引く室内。日本で初めての男女共学を実施した、その自由な気風が伝わってくる。

熊本地震で倒壊…再建によって蘇る

熊本県にある最古の洋館。1871(明治4)年、アメリカ人教師ジェーンズを迎えるために建築された。ジェーンズが5年間暮らしたのち、屋敷は移転を繰り返すが、2016(平成28)年の熊本地震で倒壊。倒壊した部材の7割以上を再利用し、水前寺江津湖公園に移設。5年後に往時の姿を取り戻すことができた。

DATA

熊本洋学校教師ジェーンズ邸（くまもとようがっこうきょうしジェーンズてい） 県指定重要文化財

住 熊本市中央区水前寺公園12-10 電 096-382-6076 開 9:30～16:30 休 月曜日(祝日の場合は翌日)、年末年始(12月29日～1月3日) ¥ 無料(2024年4月1日から300円) 交 熊本市電「市立体育館前」下車すぐ 駐 なし

大分県

旧日野医院本館

モダンでレトロな個人医院

建物のここに注目！

1 歴史を感じるたたずまい

1978（昭和53）年頃まで、実際に診療所として使われていた。館内を見学すると、当時の雰囲気を感じることができる。

2 医学黎明の往時に触れる

館内には往時の医療器具が保存、展示されている。婦人科の診察台や開院当時からのガラスケースなど、貴重なものがズラリ。

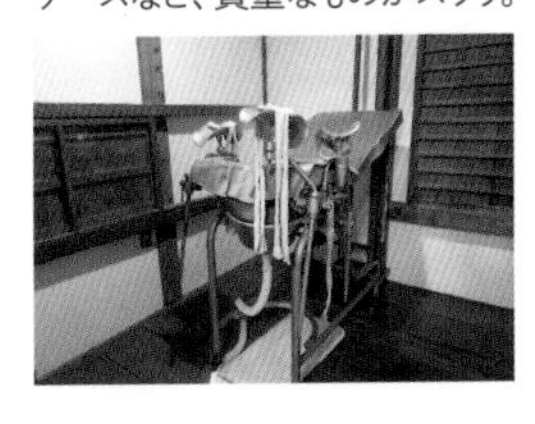

3 庭は「おなご先生」記念公園

庭は日野俊子先生記念公園として整備。俊子氏は大分県の女医の草分けで、「日野医院のおなご先生」といわれた日野医家4代目。

洋と和が融合した情緒あふれる擬洋館

全国でも珍しい、擬洋風の本館と和風の病棟からなる個人医院の建築物。現在は資料館として公開されている。日野家は江戸時代中期から続いた医師の家系。本館は１８９４（明治27）年、３代目にあたる日野要によって建てられた。非常に貴重な擬洋館で、２００３（平成11）年に国の重要文化財に指定された。

DATA

旧日野医院本館（きゅうひのいいんほんかん）

重文

住 由布市湯布院町川西467-4 電 0977-84-2324（日野病院運営委員会）開 10:00～16:00（入館は15:30まで）休 月曜日、火曜日、年末年始（12月28日～1月4日）¥ 高校生以上300円、小・中学生150円 交 JR久大本線「南由布駅」から徒歩15分 駐 あり

鹿児島県

旧集成館機械工場

薩摩藩を支えた工場施設

現存する日本の洋式工場として、最も歴史ある建物。基本は洋風の設計ながら、和風の様式も一部取り入れられている。

堂々たる外壁の素材は、鹿児島の石垣などによく利用される溶結凝灰岩。そのため「ストーンホーム」とも呼ばれていた。

幕末の名君が建てた日本最古の洋式工場

幕末の薩摩藩主、島津斉彬は軍事や産業の育成に努め、日本最大の工場群、集成館を建設した。薩英戦争で工場群は焼失したが、斉彬の養子忠義によって復興。新たな機械工場は、他に類のない洋式工場として1865(慶応元)年に竣工した。今は島津家と集成館事業を紹介する博物館として整備されている。

DATA

旧集成館機械工場(きゅうしゅうせいかんきかいこうじょう)

重文

住鹿児島市吉野町9698-1 電099-247-1511 開9:00～17:00 休無休 ¥大人1000円、小人500円(仙巌園と共通券) 交鹿児島市周遊バス「仙巌園前(礒庭園前)」下車、徒歩1分 駐あり

他にもある、全国の擬洋風建築

本書で紹介した意外にも、全国には擬洋風建築を見られるスポットがあります。
本書を読んでより興味を持った方は、お近くの擬洋風建築を探してみてはいかがでしょうか。

地域	県名	建物名	建築年	場所
北海道		旧函館博物館一号	1888	北海道函館市青柳町
		旧函館博物館二号	1884	北海道函館市青柳町
		旧檜山・爾志両郡役所	1887	北海道江差町中歌町
東北	青森県	旧八戸小学校講堂	1881	青森県八戸市八幡
		旧弘前市立図書館	1906	青森県弘前市富野（移築）
	宮城県	金成小学校校舎	1887	宮城県栗原市金成
		旧登米警察署庁舎	1889	宮城県登米市登米町
	秋田県	北鹿ハリストス正教会聖堂	1892	秋田県大館市曲田
	山形県	旧西村山郡役所	1878	山形県寒河江市寒河江（移築）
		旧東村山郡役所	1879	山形県天童市五日町
		旧鶴岡警察署庁舎	1884	山形県鶴岡市家中新町（移築）
		旧鶴岡警察署大山分署	1885	山形県鶴岡市大山
		旧西村山郡会議事堂	1886	山形県寒河江市寒河江（移築）
		東田川郡会議事堂	1903	山形県鶴岡市藤島
	福島県	なかむらや旅館新館	1896頃	福島県福島市飯坂町
		旧伊達郡役所	1883	福島県伊達郡桑折町
		旧亀岡家住宅	1887～1896	福島県伊達市保原町大泉（移築）
		開成館	1874	福島県郡山市開成
		旧南会津郡役所	1885	福島県南会津郡南会津町田島（移築）
関東	茨城県	旧水海道小学校本館	1881	茨城県水戸市緑町（移築）
	群馬県	旧吾妻第三小学校校舎	1885	群馬県吾妻郡中之条町
	埼玉県	諸井家住宅	1879頃	埼玉県本庄市中央
	千葉県	九十九里教会	1887	千葉県山武市松尾町
中部	新潟県	新潟県議会旧議事堂	1882	新潟県新潟市中央区一番堀通町
	福井県	恵美写真館洋館	1905	福井県鯖江市本町
	山梨県	旧津金学校校舎	1875	山梨県北杜市須玉町
		旧富岡敬明家住宅	1875	山梨県甲府市善光寺町
		旧春米学校校舎	1876	山梨県南巨摩郡富士川町（移築）
		旧尾県学校校舎	1878	山梨県都留市小形山
		旧千野学校校舎	1879	山梨県甲州市塩山上於曽（移築）
		旧上九一色郵便局	1879	山梨県甲府市
		市川教会	1897	山梨県西八代郡市川三郷町
		旧田中銀行主屋	1897	山梨県甲州市勝沼町
	長野県	旧長野県師範学校教師館	1875	長野県長野市上ヶ屋（移築）
		旧格致学校校舎	1877	長野県埴科郡坂城町
		旧和学校校舎	1879	長野県東御市
		旧山辺学校校舎	1885	長野県松本市里山辺

他にもある、全国の擬洋風建築

地域	県名	建物名	建築年	場所
中部	長野県	旧池田警察署	1893	長野県長野市篠ノ井布施五明
	静岡県	松城家住宅主屋	1873	静岡県沼津市戸田
		旧見付学校	1875	静岡県磐田市見付
		新井旅館青州楼	1881	静岡県伊豆市修善寺町
	愛知県	旧井上家住宅西洋館	1877〜1886	愛知県豊田市平戸橋町波岩（移築）
		旧山梨県東山梨郡役所	1885	愛知県犬山市内山（移築）
		三重県尋常師範学校・蔵持小学校	1888	愛知県犬山市内山（移築）
		清水医院	1897〜1906	愛知県犬山市内山（移築）
近畿	三重県	旧小田小学校	1881	三重県伊賀市小田町
		旧上野警察署	1889	三重県伊賀市上野丸之内（移築）
		旧三重県第三尋常中学校校舎	1900	三重県伊賀市上野丸之内
	滋賀県	長浜旧開知学校	1874	滋賀県長浜市元浜町（移築）
		旧曽根学校玄関	1876	滋賀県長浜市曽根町
		旧柳原学校校舎	1876	滋賀県近江八幡市安土町（移築）
		旧安土巡査駐在所	1885	滋賀県近江八幡市安土町（移築）
		旧八幡警察署武佐分署庁舎	1886	滋賀県近江八幡市武佐町（移築）
	京都府	若の湯	1923	京都府舞鶴市字本
	兵庫県	元生野鉱山外人宿舎（ムーセ旧居）	1872頃	兵庫県朝来市佐嚢（移築）
		旧豊岡中学校本館	1888	兵庫県豊岡市京町
中国・四国	島根県	旧周吉外三郡役所庁舎	1885	島根県隠岐郡隠岐の島町郡
		旧江津郵便局	1890	島根県江津市江津町
	岡山県	倉敷市立磯崎眠亀記念館	1874	岡山県倉敷市茶屋町
		旧牛窓警察署本館	1887	岡山県瀬戸内市牛窓町
		高梁基督教会堂	1889	岡山県高梁市柿木町
		天城教会	1890	岡山県倉敷市藤戸町
		村山外科医院	1891	岡山県倉敷市児島下の町
	山口県	岩国学校校舎	1870	山口県岩国市岩国
		河村写真館	1875	山口県山口市上竪小路
		旧萩学校教員室	1887	山口県萩市堀内（移築）
		むつみ村役場旧庁舎	1895	山口県萩市
	愛媛県	旧宇和島警察署	1884	愛媛県宇和島市住吉町（移築）
九州	佐賀県	有田異人館	1876	佐賀県西松浦郡有田町
	長崎県	大浦天主堂	1864	長崎県長崎市南山手町
		旧羅典神学校	1875	長崎県長崎市南山手町
		出津教会堂	1882	長崎県長崎市西出津町
		江袋教会	1882	長崎県南松浦郡新上五島町（焼失後に復元）
		江崎べっ甲店	1898	長崎県長崎市魚の町

※上記は全国にあるすべての擬洋風建築を網羅している訳ではありません。
※施設によっては限定的な公開方法をとっている場合があります。また、修繕、改築、解体などが行なわれる可能性もあります。
見学の際は、事前に各施設や自治体のホームページなどで確認してください。

さくいん

企画・制作：擬洋風建築のひみつ研究会

編集協力：イデア・ビレッジ（山根英雄、小磯紀子、青木千草）
ライティング：松本愛美、田中敦子（編集工房リテラ）、山本知恵
本文デザイン・DTP：小谷田一美

参考文献
『実況 近代建築史講義』（中谷礼仁／インスクリプト）
『近代日本の洋風建築 開化篇』（藤森照信／筑摩書房）
『日本の近代建築（上）―幕末・明治篇―』（藤森照信／岩波書店）
『近代建築で読み解く日本』（祝田秀全／祥伝社）
『「築地ホテル館」物語　日本初の外国人専用本格的ホテルをつくった幕末維新の男たち』（永宮和／原書房）

参考サイト
東京都立図書館デジタルアーカイブ
https://archive.library.metro.tokyo.lg.jp/da/top

足立区郷土博物館 収蔵資料データベース
https://jmapps.ne.jp/adachitokyo/

清水建設　Our Heritage History
https://www.shimz.co.jp/heritage/history/

「擬洋風建築」（2023年2月8日（水）09:43　UTCの版）『ウィキペディア日本語版』
https://ja.wikipedia.org/

擬洋風建築のひみつ
見かた・楽しみかたがわかる本　和洋折衷レトロ建築めぐり超入門

2023年　11月25日　第1版・第1刷発行

著　者　擬洋風建築のひみつ研究会
（ぎようふうけんちくのひみつけんきゅうかい）
発行者　株式会社メイツユニバーサルコンテンツ
代表者　大羽 孝志
〒102-0093東京都千代田区平河町一丁目1-8
印　刷　シナノ印刷株式会社

ISBN978-4-7804-2840-7　C2052　Printed in Japan.

ご意見・ご感想はホームページから承っております
ウェブサイト　https://www.mates-publishing.co.jp/

企画担当：清岡香奈